Tajne indijske kuhinje 2023

Autentični okusi začinjenih jela sa Subkontinenta

Rajesh Masalni

Sažetak

Kolači sa povrćem 18
    sastojci 18
    Metoda 19

Bhel proklijali pasulj 20
    sastojci 20
    Za dekoraciju: 20
    Metoda 21

Aloo Kachori 22
    sastojci 22
    Metoda 22

Dosa dijeta 24
    sastojci 24
    Metoda 24

Feed Roll 26
    sastojci 26
    Metoda 27

Sabudana Palak Doodhi Uttapam 28
    sastojci 28
    Metoda 29

Poha 30
    sastojci 30
    Metoda 31

Šnicla od povrća 32

- sastojci 32
- Metoda 33
- Soybean Uppit 34
  - sastojci 34
  - Metoda 35
- Upma 36
  - sastojci 36
  - Metoda 37
- Vermicelli Upma 38
  - sastojci 38
  - Metoda 39
- Bond 40
  - sastojci 40
  - Metoda 41
- Instant dhokla 42
  - sastojci 42
  - Metoda 43
- Dhal Maharani 44
  - sastojci 44
  - Metoda 45
- Milagu Kuzhambu 46
  - sastojci 46
  - Metoda 47
- Dhal Hariyali 48
  - sastojci 48
  - Metoda 49
- Dhalcha 50

- sastojci 50
- Metoda 51
- Tarkari Dhalcha 52
  - sastojci 52
  - Metoda 53
- Dhokar Dhalna 54
  - sastojci 54
  - Metoda 55
- Varan 56
  - sastojci 56
  - Metoda 56
- Sweet Dhal 57
  - sastojci 57
  - Metoda 58
- Slatko-kiseli dhal 59
  - sastojci 59
  - Metoda 60
- Mung-ni-Dhal 61
  - sastojci 61
  - Metoda 62
- Dhal sa lukom i kokosom 63
  - sastojci 63
  - Metoda 64
- Dahi Kadhi 65
  - sastojci 65
  - Metoda 66
- Dhal spanać 67

- sastojci 67
  - Metoda 68
- Tawker Dhal 69
  - sastojci 69
  - Metoda 70
- Basic Dhal 71
  - sastojci 71
  - Metoda 72
- Maa-ki-Dhal 73
  - sastojci 73
  - Metoda 74
- Dhansak 75
  - sastojci 75
  - Za dhal mix: 75
  - Metoda 76
- Masoor Dhal 77
  - sastojci 77
  - Metoda 77
- Panchemel Dhal 78
  - sastojci 78
  - Metoda 79
- Cholar Dhal 80
  - sastojci 80
  - Metoda 81
- Dilpasand Dhal 82
  - sastojci 82
  - Metoda 83

Dhal Masoor 84
    sastojci 84
    Metoda 85
Dhal sa patlidžanom 86
    sastojci 86
    Metoda 87
Dhal Tadka žuta 88
    sastojci 88
    Metoda 89
Rasam 90
    sastojci 90
    Za mešavinu začina: 90
    Metoda 91
Jednostavan Mung Dhal 92
    sastojci 92
    Metoda 92
Cijeli zeleni mung pasulj 93
    sastojci 93
    Metoda 94
Dahi Kadhi s Pakoras 95
    sastojci 95
    Za kadiju: 95
    Metoda 96
Slatki nezreli mango Dhal 97
    sastojci 97
    Metoda 98
Malai Dhal 99

    sastojci 99

    Metoda 100

Sambhar 101

    sastojci 101

    Probati: 101

    Metoda 102

Tri Dhale 103

    sastojci 103

    Metoda 104

Methi-Drumstick Sambhar 105

    sastojci 105

    Metoda 106

Dal Shorba 107

    sastojci 107

    Metoda 107

Tasty Mung 108

    sastojci 108

    Metoda 109

Masala Toor Dhal 110

    sastojci 110

    Metoda 111

Suhi žuti Mung Dhal 112

    sastojci 112

    Metoda 112

Cijela kancelarija 113

    sastojci 113

    Metoda 114

Dhal Fry 115
    sastojci 115
    Metoda 116
Instant Dosa 117
    sastojci 117
    Metoda 118
Rolat od slatkog krompira 119
    sastojci 119
    Metoda 119
Palačinka od krompira 120
    sastojci 120
    Metoda 121
Murgh Malai Kebab 122
    sastojci 122
    Metoda 123
Keema Puffs 124
    sastojci 124
    Metoda 125
Egg Pakoda 127
    sastojci 127
    Metoda 128
Egg Dosa 129
    sastojci 129
    Metoda 130
Khasta Kachori 131
    sastojci 131
    Metoda 132

Mješovite mahunarke dhokla ... 133
    sastojci ... 133
    Metoda ... 134

Frankie ... 135
    sastojci ... 135
    Metoda ... 136

Besan & Cheese Delight ... 137
    sastojci ... 137
    Za mješavinu bezana: ... 137
    Metoda ... 138

Chilli Idli ... 139
    sastojci ... 139
    Metoda ... 139

Kanapei od spanaća ... 140
    sastojci ... 140
    Metoda ... 141

Paushtik Chaat ... 142
    sastojci ... 142
    Metoda ... 143

Rolat od kupusa ... 144
    sastojci ... 144
    Metoda ... 145

Hleb od paradajza ... 146
    sastojci ... 146
    Metoda ... 146

Palačinke od kukuruza i sira ... 147
    sastojci ... 147

Metoda 147
Corn Flakes Chivda 148
    sastojci 148
    Metoda 149
Orašasta rolada 150
    sastojci 150
    Metoda 151
Kiflice sa mlevenim mesom 152
    sastojci 152
    Metoda 153
pav bhaji 154
    sastojci 154
    Metoda 155
Kotlet od soje 156
    sastojci 156
    Metoda 156
Kukuruz Bhel 158
    sastojci 158
    Metoda 158
Methi Gota 159
    sastojci 159
    Metoda 160
Otisli su 161
    sastojci 161
    Metoda 161
Idli Plus 162
    sastojci 162

- Metoda 163
- Masala sendvič 164
  - sastojci 164
  - Metoda 165
- Ćevapi od mente 166
  - sastojci 166
  - Metoda 166
- Povrće Sevia Upma 167
  - sastojci 167
  - Metoda 168
- Bhel 169
  - sastojci 169
  - Metoda 169
- Sabudana Khichdi 170
  - sastojci 170
  - Metoda 171
- Dhokla simple 172
  - sastojci 172
  - Metoda 173
- Jaldi krompir 174
  - sastojci 174
  - Metoda 174
- Dhokla narandža 175
  - sastojci 175
  - Metoda 176
- Muthia cabbage 177
  - sastojci 177

- Metoda 178
- Rava Dhokla 179
  - sastojci 179
  - Metoda 179
- Chapatti Upma 180
  - sastojci 180
  - Metoda 181
- Mung Dhokla 182
  - sastojci 182
  - Metoda 182
- Mughlai šnicle od mesa 183
  - sastojci 183
  - Metoda 184
- Masala Vada 185
  - sastojci 185
  - Metoda 185
- Čivda kupus 186
  - sastojci 186
  - Metoda 187
- Besan Bhajji Hleb 188
  - sastojci 188
  - Metoda 188
- Methi Seekh Kebab 189
  - sastojci 189
  - Metoda 189
- Jhinga Hariyali 190
  - sastojci 190

- Metoda 191
- Methi Adai 192
  - sastojci 192
  - Metoda 193
- Pea Chaat 194
  - sastojci 194
  - Metoda 194
- Shingada 195
  - sastojci 195
  - za pecivo: 195
  - Metoda 196
- Onion Bhajia 197
  - sastojci 197
  - Metoda 197
- Bagani Murgh 198
  - sastojci 198
  - Za marinadu: 198
  - Metoda 199
- Potato Tikki 200
  - sastojci 200
  - Metoda 201
- Batata Vada 202
  - sastojci 202
  - Metoda 203
- Pileći mini ćevapi 204
  - sastojci 204
  - Metoda 204

Ringol od sočiva 205
    sastojci 205
    Metoda 206
Nutritious poha 207
    sastojci 207
    Metoda 207
Korišćeni pasulj 208
    sastojci 208
    Metoda 209
Hleb Chutney Pakoda 210
    sastojci 210
    Metoda 210
Methi Khakra Delight 211
    sastojci 211
    Metoda 211
Green chop 212
    sastojci 212
    Metoda 213
Handvo 214
    sastojci 214
    Metoda 215
Ghugra 216
    sastojci 216
    Metoda 216
Ćevapi od banane 218
    sastojci 218
    Metoda 218

Kolači sa povrćem

U 12

sastojci

2 supene kašike praha od aroma

4-5 većih krompira, kuvanih i narendanih

1 kašika rafinisanog biljnog ulja plus dodatak za prženje

125 g / 4½ oz Besan*

25 g naribanog svježeg kokosa

4-5 indijskih oraščića

3-4 grožđice

125 g kuvanog smrznutog graška

2 kašičice sušenih semenki nara

2 kašičice grubo mlevenog korijandera

1 kašičica sjemenki komorača

½ kašičice mlevenog crnog bibera

½ kašičice čilija u prahu

1 kašičica amchoor*

½ kašičice krupne soli

Posolite po ukusu

Metoda

- Pomiješajte šipak, krompir i 1 žlicu ulja. Za odlaganje.

- Za pripremu fila pomešati preostale sastojke osim ulja.

- Smesu od krompira podelite na okrugle pljeskavice. Na sredinu svake pljeskavice stavite kašiku fila. Zatvorite ih kao vrećicu i poravnajte ih.

- U šerpi zagrejte preostalo ulje. Pržite ćufte na laganoj vatri dok ne porumene. Poslužite vruće.

Bhel proklijali pasulj

(Slana grickalica sa proklijalim pasuljem)

Za 4 osobe

sastojci

100 g proklijalog mungo pasulja, prokuvanog

250 g kaala čane*, kuvano

3 veća krompira, kuvana i iseckana

2 velika paradajza, sitno iseckana

1 srednji luk, nasjeckan

Posolite po ukusu

Za dekoraciju:

2 kašike čatnija od nane

2 kašike toplog i slatkog čatnija od manga

4-5 kašika jogurta

100 g pomfrita, smrvljenog

10 g nasjeckanih listova korijandera

Metoda
- Pomiješajte sve sastojke osim sastojaka za glazuru.
- Ukrasite redom kojim su navedeni sastojci. Poslužite odmah.

Aloo Kachori

(Knedla od prženog krompira)

U 15

sastojci

350 g brašna od celog zrna

1 kašika rafinisanog biljnog ulja plus dodatak za prženje

1 kašičica ajowan sjemenki

Posolite po ukusu

5 krompira, kuvanih i zgnječenih

2 kašičice čilija u prahu

1 kašika iseckanog lista korijandera

Metoda

- Pomiješajte brašno, 1 žlicu ulja, sjemenke ajowane i sol. Podeliti na loptice veličine limete. Poravnajte svaki između dlanova i ostavite sa strane.
- Pomiješajte krompir, čili u prahu, listove korijandera i malo soli.
- Stavite malo ove smjese u sredinu svake palačinke. Zapečatite tako što ćete ivice pritisnuti zajedno.

- Zagrejte ulje u tiganju sa neprijanjajućim slojem. Pržite kachoris na srednjoj vatri dok ne porumeni. Ocijedite i poslužite toplo.

Dosa dijeta

(dijetalne palačinke)

U 12

sastojci

300 g/10 oz mung dhala*, uronjen u 250 ml vode 3-4 sata

3-4 zelene paprike

2,5 cm korijena đumbira

100 g griza

1 kašika kisele pavlake

50 g nasjeckanih listova korijandera

6 listova karija

Rafinirano biljno ulje za podmazivanje

Posolite po ukusu

Metoda

- Pomiješajte dhal sa zelenim čilijem i đumbirom. Sameljite zajedno.
- Dodati griz i pavlaku. Dobro promiješajte. Dodajte listove korijandera, curry prah i dovoljno vode da dobijete gustu pastu.

- Namastite ravan tiganj i zagrejte ga. Ulijte 2 supene kašike testa i premažite poleđinom kašike. Kuvajte 3 minuta na laganoj vatri. Okrenite i ponovite.
- Ponovite za preostalo tijesto. Poslužite vruće.

Feed Roll

Da li 8-10

sastojci

200 g spanaća sitno iseckanog

1 šargarepa, sitno iseckana

125 g smrznutog graška

50 g proklijalog mungo pasulja

3-4 veća krompira, kuvana i zgnječena

2 velika crna luka, sitno iseckana

½ kašičice paste od đumbira

½ kašičice paste od belog luka

1 zelena čili paprika, sitno iseckana

½ kašičice amchoor*

Posolite po ukusu

½ kašičice čilija u prahu

3 supene kašike sitno iseckanog lista korijandera

Rafinirano biljno ulje za plitko prženje

8-10 chapats

2 kašike toplog i slatkog čatnija od manga

Metoda

- Spanać, šargarepu, grašak i mung pasulj kuhamo na pari.
- Pomiješajte dinstano povrće sa krompirom, lukom, pastom od đumbira, pastom od bijelog luka, zelenim čilijem, amchoorom, solju, čilijem u prahu i listovima korijandera. Dobro promiješajte da dobijete homogenu smjesu.
- Smesu oblikujte u male pljeskavice.
- Zagrejte ulje u šerpi. Pržite kotlete na srednjoj vatri dok ne porumene. Ocijedite i ostavite sa strane.
- Na chapatti rasporedite vrući i slatki čatni od manga. U sredinu stavite kotlet i zarolajte čapatije.
- Ponovite za sve čapatije. Poslužite vruće.

Sabudana Palak Doodhi Uttapam

(Sago, spanać i palačinke od tikvica u flašama)

U 20

sastojci

1 čajna žličica toor dhal-a*

1 kašičica mung dhala*

1 kašičica urad pasulja*

1 kašičica masoor dhal*

3 kašičice pirinča

100 g saga, krupno mljevenog

50 g spanaća, kuhanog na pari i mljevenog

¼ boce bundeve*, rendani

125 g / 4½ oz Besan*

½ kašičice mlevenog kima

1 kašičica sitno iseckanog lista mente

1 zelena čili paprika, sitno iseckana

½ kašičice paste od đumbira

Posolite po ukusu

100 ml / 3 ½ fl oz vode

Rafinirano biljno ulje za prženje

Metoda

- Sameljite toor dhal, mung dhal, urad pasulj, masoor dhal i pirinač. Za odlaganje.
- Potopite sago 3-5 minuta. Ocijedite u potpunosti.
- Pomiješajte sa mljevenim pirinčem i mješavinom dhala.
- Dodajte spanać, tikvu, besan, mljeveni kim, listove mente, zeleni čili, pastu od đumbira, sol i dovoljno vode da dobijete gusto tijesto. Ostavite sa strane 30 minuta.
- Namastite tepsiju i zagrejte je. Sipajte 1 kašiku testa u tepsiju i rasporedite pozadinom kašike.
- Pokrijte i kuvajte na srednjoj vatri dok donja strana ne postane svetlo smeđa. Okrenite i ponovite.
- Ponovite za preostalo tijesto. Poslužite toplo sa kečapom ili zelenim kokosovim čatnijem

Poha

Za 4 osobe

sastojci

150 g pohe*

1 1/2 kašike rafinisanog biljnog ulja

½ kašičice sjemenki kima

½ kašičice sjemenki gorušice

1 veliki krompir, sitno isečen

2 velika crna luka, sitno iseckana

5-6 zelenih čilija, sitno iseckanih

8 listova karija, grubo iseckanih

¼ kašičice kurkume

45 g pečenog kikirikija (po želji)

25 g / 1 unce svježeg kokosa, isjeckanog ili isjeckanog

10 g sitno iseckanog lista korijandera

1 kašičica limunovog soka

Posolite po ukusu

Metoda

- Poha dobro operite. Ocijedite vodu u potpunosti i stavite pohu u cjedilo na 15 minuta.
- Prstima lagano olabavite grudvice poha. Za odlaganje.
- Zagrejte ulje u šerpi. Dodajte kim i sjemenke gorušice. Pustite ih da pucketaju 15 sekundi.
- Dodati seckani krompir. Pržite na srednjoj vatri 2-3 minuta uz stalno mešanje. Dodajte luk, zeleni čili, listove karija i kurkumu. Kuvajte dok luk ne bude providan. Maknite sa vatre.
- Dodajte pohu, pečeni kikiriki i polovinu naribanog kokosa i listova korijandera. Promiješajte da se dobro promiješa.
- Pospite limunovim sokom i solju. Krčkajte 4-5 minuta.
- Ukrasite preostalim listovima kokosa i korijandera. Poslužite vruće.

Šnicla od povrća

Da li 10-12

sastojci

2 glavice luka, sitno iseckana

5 čena belog luka

¼ kašičice sjemenki komorača

2-3 zelene paprike

10 g sitno iseckanog lista korijandera

2 veće šargarepe, sitno iseckane

1 veliki krompir, sitno isečen

1 mala cvekla, sitno iseckana

50 g sitno seckanog francuskog pasulja

50 g graška

900 ml / 1,5 litara vode

Posolite po ukusu

¼ kašičice kurkume

2-3 kašike besana*

1 kašika rafinisanog biljnog ulja plus dodatak za prženje

50 g prezla

Metoda

- Sameljite 1 luk, beli luk, semenke komorača, zeleni čili i listove korijandera u glatku pastu. Za odlaganje.
- U šerpi pomešati šargarepu, krompir, cveklu, mahunu i grašak. Dodajte 500 ml vode, so i kurkumu i kuvajte na laganoj vatri dok povrće ne omekša.
- Dobro izgnječite povrće i ostavite sa strane.
- Pomiješajte besan i preostalu vodu da dobijete glatko tijesto. Za odlaganje.
- U šerpi zagrejte 1 kašiku ulja. Dodajte preostali luk i pržite dok ne postane proziran.
- Dodajte pastu od luka i belog luka i kuvajte jednu minutu na laganoj vatri, neprestano mešajući.
- Dodajte pasirano povrće i dobro promiješajte.
- Skinite sa vatre i ostavite da se ohladi.
- Ovu smesu podeliti na 10-12 loptica. Poravnajte između dlanova da formirate pljeskavice.
- Ćufte umačemo u tijesto i premažemo ih u prezlama.
- Zagrejte ulje u tiganju sa neprijanjajućim slojem. Pržite ćufte do zlatne boje sa obe strane.
- Poslužite toplo uz kečap.

Soybean Uppit

(užina od soje)

Za 4 osobe

sastojci

1 1/2 kašike rafinisanog biljnog ulja

½ kašičice sjemenki gorušice

2 zelena čilija sitno iseckana

2 crvene čili paprike, sitno iseckane

Prstohvat asafetide

1 veliki luk sitno nasjeckan

Korijen đumbira od 2,5 cm, narezan na žilene trakice

10 čena belog luka, sitno iseckanog

6 listova karija

100 g sojinog griza*, suvo pečeno

100 g suvog pečenog griza

200 g graška

500 ml tople vode

¼ kašičice kurkume

1 kašičica šećera

1 kašičica soli

1 veći paradajz, sitno isečen

2 supene kašike sitno iseckanog lista korijandera

15 grožđica

10 indijskih oraščića

Metoda

- Zagrejte ulje u šerpi. Dodajte sjemenke gorušice. Pustite ih da pucketaju 15 sekundi.
- Dodajte zeleni čili, crveni čili, asafetidu, luk, đumbir, beli luk i listove karija. Pržite na srednjoj vatri 3-4 minuta uz često mešanje.
- Dodajte sojinu sačmu, griz i grašak. Kuvajte dok obe vrste griza ne porumene.
- Dodajte vruću vodu, kurkumu, šećer i sol. Kuvati na srednjoj vatri dok se voda ne osuši.
- Ukrasite paradajzom, listovima korijandera, grožđicama i indijskim orahom.
- Poslužite vruće.

Upma

(tanjir za doručak od griza)

Za 4 osobe

sastojci

1 kašika pročišćenog putera

150 g griza

1 kašika rafinisanog biljnog ulja

¼ kašičice sjemenki gorušice

1 kašičica urad dhala*

3 zelena čilija, narezana po dužini

8-10 listova karija

1 glavica luka srednje veličine, sitno iseckana

1 paradajz srednje veličine, sitno isečen

750 ml / 1¼ pinte vode

1 prepuna kašičica šećera

Posolite po ukusu

50 g graška iz konzerve (opciono)

25 g retkih listova korijandera, sitno iseckanih

Metoda

- Zagrijte ghee u tiganju sa neprianjajućim slojem. Dodajte griz i pržite, često miješajući, dok griz ne porumeni. Za odlaganje.
- Zagrejte ulje u šerpi. Dodajte sjemenke senfa, urad dhal, zeleni čili i listove karija. Pržite dok urad dhal ne porumeni.
- Dodajte luk i dinstajte na laganoj vatri dok ne postane proziran. Dodajte paradajz i pržite još 3-4 minuta.
- Dodajte vodu i dobro promiješajte. Kuvajte na srednjoj vatri dok smesa ne počne da ključa. Dobro promiješajte.
- Dodajte šećer, so, griz i grašak. Dobro promiješajte.
- Krčkajte 2-3 minuta uz stalno mešanje.
- Ukrasite listovima korijandera. Poslužite vruće.

Vermicelli Upma

(vermicelli sa lukom)

Za 4 osobe

sastojci

3 kašike rafinisanog biljnog ulja

1 kašičica mung dhala*

1 kašičica urad dhala*

¼ kašičice sjemenki gorušice

8 listova karija

10 kikirikija

10 indijskih oraščića

1 srednji krompir, sitno isečen

1 veća šargarepa, sitno iseckana

2 zelena čilija sitno iseckana

1 cm korena đumbira, sitno iseckanog

1 veliki luk sitno nasjeckan

1 paradajz, sitno isečen

50 g smrznutog graška

Posolite po ukusu

1 litar / 1¾ pinte vode

200 g vermikela

2 kašike pročišćenog putera

Metoda

- Zagrejte ulje u šerpi. Dodajte mung dhal, urad dhal, sjemenke senfa i listove karija. Pustite ih da iskaču 30 sekundi.
- Dodajte kikiriki i indijski orah. Pržite na srednjoj vatri dok ne porumeni.
- Dodati krompir i šargarepu. Pržite 4-5 minuta.
- Dodajte čili, đumbir, luk, paradajz, grašak i so. Kuvajte na laganoj vatri uz često mešanje dok povrće ne omekša.
- Dodajte vodu i pustite da proključa. Dobro promiješajte.
- Dodajte rezance uz stalno miješanje kako biste spriječili stvaranje grudvica.
- Pokrijte poklopcem i pirjajte 5-6 minuta.
- Dodajte ghee i dobro promiješajte. Poslužite vruće.

Bond

(krompir kotlet)

U 10

sastojci

5 kašika rafinisanog biljnog ulja plus dodatak za prženje

½ kašičice sjemenki gorušice

2,5 mm korijen đumbira, sitno isjeckan

2 zelena čilija sitno iseckana

50 g sitno iseckanih listova korijandera

1 veliki luk sitno nasjeckan

4 krompira srednje veličine, kuvana i zgnječena

1 veća šargarepa, sitno iseckana i kuvana

125 g graška iz konzerve

Prstohvat kurkume

Posolite po ukusu

1 kašičica limunovog soka

250 g / 9 oz besan*

200 ml / 7 fl oz vode

½ kašičice praška za pecivo

Metoda

- U šerpi zagrejte 4 kašike ulja. Dodajte sjemenke senfa, đumbir, zeleni čili, listove korijandera i luk. Pržite na srednjoj vatri uz povremeno mešanje dok luk ne porumeni.
- Dodajte krompir, šargarepu, grašak, kurkumu i so. Kuvajte 5-6 minuta uz povremeno mešanje.
- Poprskajte limunovim sokom i smjesu podijelite na 10 loptica. Za odlaganje.
- Pomiješajte sos, vodu i kvasac sa 1 kašikom ulja za tijesto.
- Zagrejte ulje u šerpi. Svaku kuglicu krompira umočite u smesu i pržite na srednjoj vatri dok ne porumeni.
- Poslužite vruće.

Instant dhokla

(Instant slana pita na pari)

Da li 15-20

sastojci

250 g / 9 oz besan*

1 kašičica soli

2 kašike šećera

2 kašike rafinisanog biljnog ulja

½ kašike limunovog soka

240 ml / 8 fl oz vode

1 kašika praška za pecivo

1 kašičica sjemenki gorušice

2 zelena čilija, narezana po dužini

Nekoliko listova karija

1 kašika vode

2 supene kašike sitno iseckanog lista korijandera

1 kašika svježeg kokosa, narendanog

Metoda

- Besan, so, šećer, 1 kašiku ulja, limunov sok i vodu umesiti u glatko testo.
- Podmažite okrugli kalup za tortu prečnika 20 cm.
- U tijesto dodajte kvasac. Dobro promešati i odmah sipati u podmazan kalup. Kuhajte na pari 20 minuta.
- Izbodite viljuškom da proverite da li je gotovo. Ako viljuška ne izađe čista, ponovo je kuhajte na pari 5 do 10 minuta. Za odlaganje.
- U šerpi zagrejte preostalo ulje. Dodajte sjemenke gorušice. Pustite ih da pucketaju 15 sekundi.
- Dodajte zeleni čili, listove karija i vodu. Krčkajte 2 minute.
- Prelijte ovu mešavinu preko dhokle i pustite da upije tečnost.
- Ukrasite listićima korijandera i rendanim kokosom.
- Isecite na kvadrate i poslužite sa čatnijem od mente

Dhal Maharani

(Crno sočivo i crveni pasulj)

Za 4 osobe

sastojci

150 g uraddala*

2 kašike borlotti pasulja

1,4 litara / 2,5 litara vode

Posolite po ukusu

1 kašika rafinisanog biljnog ulja

½ kašičice sjemenki kima

1 veliki luk sitno nasjeckan

3 paradajza srednje veličine, iseckana

1 kašičica paste od đumbira

½ kašičice paste od belog luka

½ kašičice čilija u prahu

½ kašičice garam masale

120 ml svježe kreme za jednokratnu upotrebu

Metoda

- Urad dhal i crveni pasulj namočite zajedno preko noći. Ocijedite i kuhajte zajedno u loncu sa vodom i solju na laganoj vatri 1 sat. Za odlaganje.
- Zagrejte ulje u šerpi. Dodajte sjemenke kima. Pustite ih da pucketaju 15 sekundi.
- Dodajte luk i kuvajte na srednjoj vatri dok ne porumeni.
- Dodajte paradajz. Dobro promiješajte. Dodajte pastu od đumbira i pastu od belog luka. Pržite 5 minuta.
- Dodajte kuhanu mješavinu dhala i pasulja, čili u prahu i garam masalu. Dobro promiješajte.
- Dodajte kremu. Kuvajte 5 minuta uz često mešanje.
- Poslužite toplo uz naan ili pirinač kuhan na pari

Milagu Kuzhambu

(crveni gram seckani u sosu od paprike)

Za 4 osobe

sastojci

2 kašičice pročišćenog putera

2 kašičice sjemenki korijandera

1 kašika paste od tamarinda

1 kašičica mlevenog crnog bibera

¼ kašičice asafetide

Posolite po ukusu

1 kašika toor dhal-a*, kuvano

1 litar / 1¾ pinte vode

¼ kašičice sjemenki gorušice

1 zelena paprika, mljevena

¼ kašičice kurkume

10 listova karija

Metoda

- Zagrijte nekoliko kapi gheeja u šerpi. Dodajte sjemenke korijandera i pržite 2 minute na laganoj vatri. Ohladite i sameljite.
- Pomiješajte sa pastom od tamarinda, biberom, asafetidom, solju i dhalom u velikom loncu.
- Dodajte vodu. Dobro promiješajte i prokuhajte na srednjoj vatri. Za odlaganje.
- U šerpi zagrijte preostali ghee. Dodajte sjemenke senfa, zeleni čili, kurkumu i listove karija. Pustite ih da pucketaju 15 sekundi.
- Dodajte ga u dhal. Poslužite vruće.

Dhal Hariyali

(Lisnato povrće sa bengalskim gram čipsom)

Za 4 osobe

sastojci

300 g / 10 oz toor dhal*

1,4 litara / 2,5 litara vode

Posolite po ukusu

2 kašike pročišćenog putera

1 kašičica sjemenki kima

1 sitno seckani crni luk

½ kašičice paste od đumbira

½ kašičice paste od belog luka

½ kašičice kurkume

50 g iseckanog spanaća

10 g listova piskavice, sitno iseckanih

25 g / 1 unce retkih listova korijandera

Metoda

- Kuhajte dhal s vodom i solju u loncu 45 minuta, često miješajući. Za odlaganje.
- Zagrijte ghee u loncu. Dodajte kim, luk, pastu od đumbira, pastu od belog luka i kurkumu. Pržite 2 minute na laganoj vatri uz stalno miješanje.
- Dodajte spanać, listove piskavice i listove korijandera. Dobro promešajte i dinstajte 5-7 minuta.
- Poslužite vruće sa kuhanim pirinčem

Dhalcha

(bengalski kotlet sa janjetinom)

Za 4 osobe

sastojci

150 g chana dhala*

150 g / 5½ oz toor dhal*

2,8 litara / 5 litara vode

Posolite po ukusu

2 kašike tamarind paste

2 kašike rafinisanog biljnog ulja

4 velika glavica luka, nasjeckana

5 cm narendanog korena đumbira

10 čena belog luka, zgnječenog

750 g mljevenog jagnjećeg mesa

1,4 litara / 2,5 litara vode

3-4 paradajza, iseckana

1 kašičica čilija u prahu

1 kašičica kurkume

1 kašičica garam masale

20 listova karija

25 g retkih listova korijandera, sitno iseckanih

Metoda

- Kuhajte dhale sa vodom i solju 1 sat na laganoj vatri. Dodajte pastu od tamarinda i dobro izgnječite. Za odlaganje.
- Zagrejte ulje u šerpi. Dodajte luk, đumbir i beli luk. Pržite na srednjoj vatri dok ne porumeni. Dodajte jagnjetinu i stalno miješajte dok ne porumeni.
- Dodajte vodu i dinstajte dok jagnjetina ne omekša.
- Dodajte paradajz, čili u prahu, kurkumu i so. Dobro promiješajte. Kuvajte još 7 minuta.
- Dodajte dhal, garam masalu i listove karija. Dobro promiješajte. Kuvajte 4-5 minuta.
- Ukrasite listovima korijandera. Poslužite vruće.

Tarkari Dhalcha

(Bengal gram split sa povrćem)

Za 4 osobe

sastojci

150 g chana dhala*

150 g / 5½ oz toor dhal*

Posolite po ukusu

3 litre / 5¼ pinte vode

10 g listova mente

10 g listova korijandera

2 kašike rafinisanog biljnog ulja

½ kašičice sjemenki gorušice

½ kašičice sjemenki kima

Prstohvat sjemenki piskavice

Prstohvat sjemenki kalonjija*

2 sušene crvene čili paprike

10 listova karija

½ kašičice paste od đumbira

½ kašičice paste od belog luka

½ kašičice kurkume

1 kašičica čilija u prahu

1 kašičica paste od tamarinda

500 g / 1 lb 2 oz bundeve, sitno narezane na kockice

Metoda

- Kuhajte obje dhale sa soli, 2,5 litre vode i pola mente i korijandera u loncu na laganoj vatri 1 sat. Sameljite dok ne dobijete gustu pastu. Za odlaganje.
- Zagrejte ulje u šerpi. Dodajte sjemenke gorušice, kim, piskavicu i kalonji. Pustite ih da pucketaju 15 sekundi.
- Dodajte crveni čili i listove karija. Pržite na srednjoj vatri 15 sekundi.
- Dodajte dhal pastu, pastu od đumbira, pastu od belog luka, kurkumu, čili u prahu i pastu od tamarinda. Dobro promiješajte. Kuvajte na laganoj vatri 10 minuta uz često mešanje.
- Dodajte preostalu vodu i izgnječite. Dinstajte dok se bundeva ne skuva.
- Dodajte preostalu mentu i listove korijandera. Kuvajte 3-4 minuta.
- Poslužite vruće.

Dhokar Dhalna

(pržene kocke Curry Dhal)

Za 4 osobe

sastojci

600 g / 1 lb 5 oz chana dhal*, potopiti preko noći

120 ml vode

Posolite po ukusu

4 kašike rafinisanog biljnog ulja plus dodatak za prženje

3 zelena čilija, mljevena

½ kašičice asafetide

2 velika crna luka, sitno iseckana

1 lovorov list

1 kašičica paste od đumbira

1 kašičica paste od belog luka

1 kašičica čilija u prahu

¾ kašičice kurkume

1 kašičica garam masale

1 kašika sitno iseckanog lista korijandera

Metoda

- Sameljite dhal sa vodom i malo soli u gustu pastu. Za odlaganje.
- U šerpi zagrejte 1 kašiku ulja. Dodajte zeleni čili i asafetidu. Pustite ih da pucketaju 15 sekundi. Umiješajte dhal pastu i malo soli. Dobro promiješajte.
- Ovu smjesu rasporedite na lim za pečenje da se ohladi. Izrežite na komade od 2,5 cm.
- U šerpi zagrejati ulje za prženje. Pržite komade do zlatne boje. Za odlaganje.
- U šerpi zagrejte 2 kašike ulja. Pržite luk dok ne porumeni. Sameljite ih u pastu i ostavite sa strane.
- U šerpi zagrejte preostalu 1 kašiku ulja. Dodajte lovorov list, pržene komadiće dhala, pastu od prženog luka, pastu od đumbira, pastu od belog luka, čili u prahu, kurkumu i garam masalu. Dodajte dovoljno vode da prekrije komadiće dhala. Dobro promešajte i dinstajte 7-8 minuta.
- Ukrasite listovima korijandera. Poslužite vruće.

Varan

(Simple Split Red Gram Dhal)

Za 4 osobe

sastojci

300 g / 10 oz toor dhal*

2,4 litre / 4 litre vode

¼ kašičice asafetide

½ kašičice kurkume

Posolite po ukusu

Metoda

- Kuvajte sve sastojke u loncu oko 1 sat na srednjoj vatri.
- Poslužite vruće sa kuhanim pirinčem

Sweet Dhal

(Slatki podijeljeni crveni gram)

Za 4-6 osoba

sastojci

300 g / 10 oz toor dhal*

2,5 litara / 4 litre vode

Posolite po ukusu

¼ kašičice kurkume

Dobar prstohvat asafetide

½ kašičice čilija u prahu

5 cm komad zelja*

2 kašičice rafinisanog biljnog ulja

¼ kašičice sjemenki kima

¼ kašičice sjemenki gorušice

2 sušene crvene čili paprike

1 kašika sitno iseckanog lista korijandera

Metoda

- Operite i kuvajte toor dhal sa vodom i solju u loncu na laganoj vatri 1 sat.
- Dodajte kurkumu, asafetidu, čili u prahu i jaggery. Kuvajte 5 minuta. Dobro promiješajte. Za odlaganje.
- Zagrijte ulje u malom loncu. Dodajte kumin, sjemenke senfa i sušeni crveni čili. Pustite ih da pucketaju 15 sekundi.
- Sipajte u dhal i dobro promiješajte.
- Ukrasite listovima korijandera. Poslužite vruće.

Slatko-kiseli dhal

(slatko kiselo slomljeni crveni gram)

Za 4-6 osoba

sastojci

300 g / 10 oz toor dhal*

2,4 litre / 4 litre vode

Posolite po ukusu

¼ kašičice kurkume

¼ kašičice asafetide

1 kašičica paste od tamarinda

1 kašičica šećera

2 kašičice rafinisanog biljnog ulja

½ kašičice sjemenki gorušice

2 zelene čili papričice

8 listova karija

1 kašika sitno iseckanog lista korijandera

Metoda

- Kuhajte toor dhal u loncu sa vodom i solju na laganoj vatri 1 sat.
- Dodajte kurkumu, asafetidu, pastu od tamarinda i šećer. Kuvajte 5 minuta. Za odlaganje.
- Zagrijte ulje u malom loncu. Dodajte sjemenke senfa, zeleni čili i listove karija. Pustite ih da pucketaju 15 sekundi.
- Sipajte ovaj začin u dhal.
- Ukrasite listovima korijandera.
- Poslužite toplo uz pirinač na pari ili čapatije

Mung-ni-Dhal

(zeleni gram podijeljen)

Za 4 osobe

sastojci

300 g/10 oz mung dhala*

1,9 litara / 3,5 litara vode

Posolite po ukusu

¼ kašičice kurkume

½ kašičice paste od đumbira

1 zelena čili paprika, sitno iseckana

¼ kašičice šećera

1 kašika pročišćenog putera

½ kašičice semenki susama

1 mali luk, nasjeckan

1 mljeveni češanj bijelog luka

Metoda

- Kuhajte mung dhal sa vodom i solju u loncu na srednjoj vatri 30 minuta.
- Dodajte kurkumu, pastu od đumbira, zeleni čili i šećer. Dobro promiješajte.
- Ako je dhal suv, dodajte 120 ml vode. Krčkajte 2-3 minute i ostavite sa strane.
- Zagrijte ghee u malom loncu. Dodati susam, luk i beli luk. Mešajući ih pržite 1 minut.
- Dodajte ga u dhal. Poslužite vruće.

Dhal sa lukom i kokosom

(Crveni gram ispucan sa lukom i kokosom)

Za 4-6 osoba

sastojci

300 g / 10 oz toor dhal*

2,8 litara / 5 litara vode

2 zelena čilija, mljevena

1 mali luk, nasjeckan

Posolite po ukusu

¼ kašičice kurkume

1 ½ kašičice biljnog ulja

½ kašičice sjemenki gorušice

1 kašika sitno iseckanog lista korijandera

50 g naribanog svježeg kokosa

Metoda

- Kuhajte toor dhal sa vodom, zelenim čilijem, lukom, soli i kurkumom u loncu na laganoj vatri 1 sat. Za odlaganje.
- Zagrejte ulje u šerpi. Dodajte sjemenke gorušice. Pustite ih da pucketaju 15 sekundi.
- Sipajte u dhal i dobro promiješajte.
- Ukrasite listovima korijandera i kokosom. Poslužite vruće.

Dahi Kadhi

(jogurt curry)

Za 4 osobe

sastojci

1 kašika besana*

250 g jogurta

750 ml / 1¼ pinte vode

2 kašičice šećera

Posolite po ukusu

½ kašičice paste od đumbira

1 kašika rafinisanog biljnog ulja

¼ kašičice sjemenki gorušice

¼ kašičice sjemenki kima

¼ kašičice sjemenki piskavice

8 listova karija

10 g sitno iseckanog lista korijandera

Metoda

- Pomiješajte besan sa jogurtom, vodom, šećerom, solju i pastom od đumbira u velikoj šerpi. Dobro promiješajte kako ne bi došlo do grudvica.
- Smjesu kuhajte na laganoj vatri dok ne počne da se zgušnjava, često miješajući. Pustite da proključa. Za odlaganje.
- Zagrejte ulje u šerpi. Dodajte sjemenke gorušice, kim, piskavicu i listove karija. Pustite ih da pucketaju 15 sekundi.
- Ovim uljem prelijte mješavinu bezana.
- Ukrasite listovima korijandera. Poslužite vruće.

Dhal spanać

(Spinat sa lomljenim zelenim gramom)

Za 4 osobe

sastojci

300 g/10 oz mung dhala*

1,9 litara / 3,5 litara vode

Posolite po ukusu

1 veći luk, nasjeckan

6 čena belog luka, mlevenog

¼ kašičice kurkume

100 g iseckanog spanaća

½ kašičice amchoor*

Prstohvat garam masale

½ kašičice paste od đumbira

1 kašika rafinisanog biljnog ulja

1 kašičica sjemenki kima

2 supene kašike sitno iseckanog lista korijandera

Metoda

- Kuhajte dhal sa vodom i solju u loncu na srednjoj vatri 30-40 minuta.
- Dodajte luk i beli luk. Kuvajte 7 minuta.
- Dodajte kurkumu, spanać, amchoor, garam masalu i pastu od đumbira. Dobro promiješajte.
- Krčkajte dok dhal ne omekša i upije sve začine. Za odlaganje.
- Zagrejte ulje u šerpi. Dodajte sjemenke kima. Pustite ih da pucketaju 15 sekundi.
- Prelijte ga preko dhal-a.
- Ukrasite listovima korijandera. Poslužite vruće

Tawker Dhal

(Narezano crveno sočivo sa nezrelim mangom)

Za 4 osobe

sastojci

300 g / 10 oz toor dhal*

2,4 litre / 4 litre vode

1 nezreo mango, bez koštica i narezan na četvrtine

½ kašičice kurkume

4 zelene čili papričice

Posolite po ukusu

2 kašičice senfovog ulja

½ kašičice sjemenki gorušice

1 kašika sitno iseckanog lista korijandera

Metoda

- Kuhajte dhal sa vodom, komadićima manga, kurkumom, zelenim čilijem i soli jedan sat. Za odlaganje.
- U šerpi zagrijati ulje i dodati sjemenke senfa. Pustite ih da pucketaju 15 sekundi.
- Dodajte ga u dhal. Dinstajte dok se ne zgusne.
- Ukrasite listovima korijandera. Poslužite vruće sa kuhanim pirinčem

Basic Dhal

(Iscepljen crveni gram sa paradajzom)

Za 4 osobe

sastojci

300 g / 10 oz toor dhal*

1,2 litre / 2 litre vode

Posolite po ukusu

¼ kašičice kurkume

½ kašike rafinisanog biljnog ulja

¼ kašičice sjemenki kima

2 zelena čilija, narezana po dužini

1 paradajz srednje veličine, sitno isečen

1 kašika sitno iseckanog lista korijandera

Metoda

- Kuhajte toor dhal sa vodom i solju u loncu na laganoj vatri 1 sat.
- Dodajte kurkumu i dobro promiješajte.
- Ako je dhal pregust, dodajte 120 ml vode. Dobro promiješajte i ostavite sa strane.
- Zagrejte ulje u šerpi. Dodati kim i ostaviti da pucketa 15 sekundi. Dodajte zeleni čili i paradajz. Pržite 2 minute.
- Dodajte ga u dhal. Promiješajte i dinstajte 3 minute.
- Ukrasite listovima korijandera. Poslužite vruće sa kuhanim pirinčem

Maa-ki-Dhal

(bogati crni gram)

Za 4 osobe

sastojci

240 g kaali dhala*

125 g borlotti pasulja

2,8 litara / 5 litara vode

Posolite po ukusu

Korijen đumbira od 3,5 cm, narezan na julienne trakice

1 kašičica čilija u prahu

3 paradajza, pire

1 kašika putera

2 kašičice rafinisanog biljnog ulja

1 kašičica sjemenki kima

2 kašike tečne pavlake

Metoda

- Dhal i pinto pasulj namočite zajedno preko noći.
- Kuvajte sa vodom, solju i đumbirom u loncu na laganoj vatri 40 minuta.
- Dodajte čili u prahu, paradajz pastu i puter. Kuvajte 8-10 minuta. Za odlaganje.
- Zagrejte ulje u šerpi. Dodajte sjemenke kima. Pustite ih da pucketaju 15 sekundi.
- Dodajte ga u dhal. Dobro promiješajte.
- Dodajte kremu. Poslužite vruće sa kuhanim pirinčem

Dhansak

(Začinjeni parsi Split Red Gram)

Za 4 osobe

sastojci

   3 kašike rafinisanog biljnog ulja

   1 veliki luk sitno nasjeckan

   2 velika paradajza, iseckana

   ½ kašičice kurkume

   ½ kašičice čilija u prahu

   1 kašika dhansak masale[*]

   1 kašika sladnog sirćeta

   Posolite po ukusu

Za dhal mix:

   150 g / 5½ oz toor dhal[*]

   75 g / 2½ oz mung dhal[*]

   75 g masoor dhal[*]

   1 manji patlidžan, narezan na četvrtine

   Komad bundeve od 7,5 cm, narezan na četvrtine

   1 kašika svježih listova piskavice

1,4 litara / 2,5 litara vode

Posolite po ukusu

Metoda

- Sastojke za dhal smjesu kuhajte zajedno u loncu na srednjoj vatri 45 minuta. Za odlaganje.
- Zagrejte ulje u šerpi. Pržite luk i paradajz na srednjoj vatri 2-3 minuta.
- Dodajte dhal smjesu i sve ostale sastojke. Dobro promiješajte i kuhajte na srednjoj vatri 5-7 minuta. Poslužite vruće.

Masoor Dhal

Za 4 osobe

sastojci

300 g / 10 oz masoor dhal*

Posolite po ukusu

Prstohvat kurkume

1,2 litre / 2 litre vode

2 kašike rafinisanog biljnog ulja

6 čena belog luka, zgnječenog

1 kašičica limunovog soka

Metoda

- Kuhajte dhal, so, kurkumu i vodu u loncu na srednjoj vatri 45 minuta. Za odlaganje.
- Zagrejte ulje u tiganju i pržite beli luk do zlatne boje. Dodajte u dhal i pokapajte limunovim sokom. Dobro promiješajte. Poslužite vruće.

Panchemel Dhal

(Mješavina pet sočiva)

Za 4 osobe

sastojci

75 g / 2½ oz mung dhal*

1 kašika chana dhala*

1 kašika masoor dhal*

1 kašika toor dhal-a*

1 kašika urad dhala*

750 ml / 1¼ pinte vode

½ kašičice kurkume

Posolite po ukusu

1 kašika pročišćenog putera

1 kašičica sjemenki kima

Prstohvat asafetide

½ kašičice garam masale

1 kašičica paste od đumbira

Metoda

- Kuhajte dhalove sa vodom, kurkumom i solju u loncu na laganoj vatri 1 sat. Dobro promiješajte. Za odlaganje.
- Zagrijte ghee u loncu. Pržite preostale sastojke 1 minut.
- Dodajte ovo u dhal, dobro promiješajte i kuhajte 3-4 minute. Poslužite vruće.

Cholar Dhal

(Split Bengal Gram)

Za 4 osobe

sastojci

600 g / 1 lb 5 oz chana dhal*

2,4 litre / 5 litara vode

Posolite po ukusu

3 kašike pročišćenog putera

½ kašičice sjemenki kima

½ kašičice kurkume

2 kašičice šećera

3 karanfilića

2 lovorova lista

2,5 cm cimeta

2 zelene mahune kardamoma

15 g kokosa, iseckanog i pečenog

Metoda

- Kuhajte dhal sa vodom i solju u loncu na srednjoj vatri 1 sat. Za odlaganje.
- Zagrejte 2 kašike gheeja u šerpi. Dodajte sve sastojke osim kokosa. Pustite ih da iskaču 20 sekundi. Dodajte kuvani dhal i kuvajte, neprestano mešajući, 5 minuta. Dodajte kokos i 1 kašiku gheeja. Poslužite vruće.

Dilpasand Dhal

(posebno sočivo)

Za 4 osobe

sastojci

60 g urad pasulja*

2 kašike borlotti pasulja

2 kašike slanutka

2 litre / 3½ litre vode

¼ kašičice kurkume

2 kašike pročišćenog putera

2 paradajza, blanširana i presovana

2 kašičice mlevenog kima, suvo pečenog

125 g umućenog jogurta

120 ml tečne pavlake

Posolite po ukusu

Metoda

- Pomiješajte pasulj, slanutak i vodu. Potopite u lonac 4 sata. Dodajte kurkumu i kuhajte 45 minuta na srednjoj vatri. Za odlaganje.
- Zagrijte ghee u loncu. Dodajte sve preostale sastojke i kuhajte na srednjoj vatri dok se ghee ne odvoji.
- Dodajte smjesu pasulja i slanutka. Kuhajte dok se ne osuši. Poslužite vruće.

Dhal Masoor

(slomljena crvena leća)

Za 4 osobe

sastojci

1 kašika pročišćenog putera

1 kašičica sjemenki kima

1 mali luk, sitno nasjeckan

2,5 cm korijena đumbira, sitno isjeckanog

6 čena belog luka, sitno iseckanog

4 zelena čilija, narezana po dužini

1 paradajz, oguljen i zdrobljen

½ kašičice kurkume

300 g / 10 oz masoor dhal*

1,5 litara / 2 litre vode

Posolite po ukusu

2 kašike listova korijandera

Metoda

- Zagrijte ghee u loncu. Dodajte kumin, luk, đumbir, beli luk, čili, paradajz i kurkumu. Pržite 5 minuta, često miješajući.
- Dodajte dhal, vodu i sol. Kuvajte 45 minuta. Ukrasite listovima korijandera. Poslužite vruće sa kuhanim pirinčem

Dhal sa patlidžanom

(leća sa patlidžanom)

Za 4 osobe

sastojci

300 g / 10 oz toor dhal*

1,5 litara / 2 litre vode

Posolite po ukusu

1 kašika rafinisanog biljnog ulja

50 g patlidžana isečenih na kockice

2,5 cm cimeta

2 zelene mahune kardamoma

2 karanfilića

1 veliki luk sitno nasjeckan

2 velika paradajza, sitno iseckana

½ kašičice paste od đumbira

½ kašičice paste od belog luka

1 kašičica mlevenog korijandera

½ kašičice kurkume

10 g listova korijandera za dekoraciju

Metoda

- Kuhajte dhal sa vodom i solju u loncu 45 minuta na srednjoj vatri. Za odlaganje.
- Zagrejte ulje u šerpi. Dodajte sve preostale sastojke osim listova korijandera. Mešajući pržite 2-3 minuta.
- Dodajte smjesu u dhal. Kuvajte 5 minuta. Ukrasite i poslužite.

Dhal Tadka žuta

Za 4 osobe

sastojci

300 g/10 oz mung dhala*

1 litar / 1¾ pinte vode

¼ kašičice kurkume

Posolite po ukusu

3 kašičice pročišćenog putera

½ kašičice sjemenki gorušice

½ kašičice sjemenki kima

½ kašičice piskavice

2,5 cm korijena đumbira, sitno isjeckanog

4 čena belog luka sitno iseckana

3 zelena čilija, narezana po dužini

8 listova karija

Metoda

- Kuhajte dhal sa vodom, kurkumom i solju u loncu na laganoj vatri 45 minuta. Za odlaganje.
- Zagrijte ghee u loncu. Dodajte sve ostale sastojke. Pržite ih 1 minut i prelijte preko dhal-a. Dobro promešajte i poslužite toplo.

Rasam

(Začinjena supa od tamarinda)

Za 4 osobe

sastojci

2 kašike tamarind paste

750 ml / 1¼ pinte vode

8-10 listova karija

2 supene kašike iseckanog lista korijandera

Prstohvat asafetide

Posolite po ukusu

2 kašičice pročišćenog putera

½ kašičice sjemenki gorušice

Za mešavinu začina:

2 kašičice sjemenki korijandera

2 kašike toor dhala*

1 kašičica sjemenki kima

4-5 zrna bibera

1 sušena crvena paprika

Metoda

- Osušite pečenje i sameljite sastojke mješavine začina.
- Pomiješajte mješavinu začina sa svim sastojcima osim gheea i sjemenki senfa. Kuvajte 7 minuta na srednjoj vatri u šerpi.
- Zagrijte ghee u drugom loncu. Dodajte sjemenke gorušice i ostavite ih da pucketaju 15 sekundi. Sipajte ga direktno u rasam. Poslužite vruće.

Jednostavan Mung Dhal

Za 4 osobe

sastojci

300 g/10 oz mung dhala*

1 litar / 1¾ pinte vode

Prstohvat kurkume

Posolite po ukusu

2 kašike rafinisanog biljnog ulja

1 veliki luk sitno nasjeckan

3 zelena čilija, sitno iseckana

2,5 cm korijena đumbira, sitno isjeckanog

5 listova karija

2 paradajza, sitno iseckana

Metoda

- Kuhajte dhal sa vodom, kurkumom i solju u loncu 30 minuta na srednjoj vatri. Za odlaganje.
- Zagrejte ulje u šerpi. Dodajte sve ostale sastojke. Pržite 3-4 minute. Dodajte ga u dhal. Dinstajte dok se ne zgusne. Poslužite vruće.

Cijeli zeleni mung pasulj

Za 4 osobe

sastojci

250 g mungo pasulja, namočenog preko noći

1 litar / 1¾ pinte vode

½ kašike rafinisanog biljnog ulja

½ kašičice sjemenki kima

6 listova karija

1 veliki luk sitno nasjeckan

½ kašičice paste od belog luka

½ kašičice paste od đumbira

3 zelena čilija, sitno iseckana

1 paradajz, sitno isečen

¼ kašičice kurkume

Posolite po ukusu

120 ml mlijeka

Metoda

- Kuhajte mahune sa vodom u loncu na laganoj vatri 45 minuta. Za odlaganje.
- Zagrejte ulje u šerpi. Dodajte kim i listove karija.
- Nakon 15 sekundi dodajte kuvani pasulj i sve ostale sastojke. Dobro promešajte i dinstajte 7-8 minuta. Poslužite vruće.

Dahi Kadhi s Pakoras

(Jogurt curry sa prženim njokima)

Za 4 osobe

sastojci
za pakore:

125 g / 4½ oz Besan*

¼ kašičice sjemenki kima

2 kašičice seckanog crnog luka

1 seckana zelena paprika

½ kašičice rendanog đumbira

Prstohvat kurkume

2 zelena čilija sitno iseckana

½ kašičice ajowan sjemenki

Posolite po ukusu

Pržiti na ulju

Za kadiju:

Dahi Kadhi

Metoda

- U posudi pomiješajte sve sastojke za pakoru, osim ulja, sa dovoljno vode da dobijete gusto tijesto. Pržite kašike na zagrejanom ulju do zlatne boje.
- Prokuhajte kadhi i dodajte pakore. Kuvajte 3-4 minuta.
- Poslužite vruće sa kuhanim pirinčem

Slatki nezreli mango Dhal

(Split Red Gram sa nezrelim mangom)

Za 4 osobe

sastojci

300 g / 10 oz toor dhal*

2 zelena čilija, narezana po dužini

2 kašičice jaggery*, rendani

1 mali luk, narezan

Posolite po ukusu

¼ kašičice kurkume

1,5 litara / 2 litre vode

1 nezreo mango, oguljen i naseckan

1 ½ kašičice rafinisanog biljnog ulja

½ kašičice sjemenki gorušice

1 kašika listova korijandera, za dekoraciju

Metoda

- Pomiješajte sve sastojke osim ulja, sjemenki senfa i listova korijandera u šerpi. Kuvajte 30 minuta na srednjoj vatri. Za odlaganje.
- Zagrejte ulje u šerpi. Dodajte sjemenke gorušice. Pustite ih da pucketaju 15 sekundi. Prelijte ga preko dhal-a. Ukrasite i poslužite toplo.

Malai Dhal

(Crni gram split sa kremom)

Za 4 osobe

sastojci

300 g/10 oz urad dhal*, potopiti 4 sata

1 litar / 1¾ pinte vode

500 ml prokuvanog mleka

1 kašičica kurkume

Posolite po ukusu

½ kašičice amchoor*

2 kašike tečne pavlake

1 kašika pročišćenog putera

1 kašičica sjemenki kima

2,5 cm korijena đumbira, sitno isjeckanog

1 manji paradajz, sitno isečen

1 mali luk, sitno nasjeckan

Metoda

- Kuhajte dhal sa vodom na srednjoj vatri 45 minuta.
- Dodajte mlijeko, kurkumu, sol, amchoor i vrhnje. Dobro promešajte i kuvajte 3-4 minuta. Za odlaganje.
- Zagrijte ghee u loncu. Dodajte kim, đumbir, paradajz i luk. Pržite 3 minute. Dodajte u dhal. Dobro promešajte i poslužite toplo.

Sambhar

(Mješavina sočiva i povrća kuvana sa posebnim začinima)

Za 4 osobe

sastojci

300 g / 10 oz toor dhal*

1,5 litara / 2 litre vode

Posolite po ukusu

1 kašika rafinisanog biljnog ulja

1 veliki luk, tanko narezan

2 kašičice paste od tamarinda

¼ kašičice kurkume

1 zelena čilija, grubo iseckana

1 1/2 kašičice sambhar praha*

2 supene kašike sitno iseckanog lista korijandera

Probati:

1 zeleni čili, narezan po dužini

1 kašičica sjemenki gorušice

½ kašičice urad dhala*

8 listova karija

¼ kašičice asafetide

Metoda

- Pomiješajte sve sastojke za dresing. Za odlaganje.
- Kuhajte toor dhal sa vodom i solju u loncu na srednjoj vatri 40 minuta. Dobro zgnječite. Za odlaganje.
- Zagrejte ulje u šerpi. Dodajte sastojke za dresing. Pustite ih da iskaču 20 sekundi.
- Dodajte kuhani dhal i sve ostale sastojke osim listova korijandera. Krčkajte 8-10 minuta.
- Ukrasite listovima korijandera. Poslužite vruće.

Tri Dhale

(mešano sočivo)

Za 4 osobe

sastojci

150 g / 5½ oz toor dhal*

75 g masoor dhal*

75 g / 2½ oz mung dhal*

1 litar / 1¾ pinte vode

1 veći paradajz, sitno isečen

1 mali luk, sitno nasjeckan

4 čena belog luka sitno iseckana

6 listova karija

Posolite po ukusu

¼ kašičice kurkume

2 kašike rafinisanog biljnog ulja

½ kašičice sjemenki kima

Metoda

- Potopite dhalu u vodu 30 minuta. Kuvajte sa ostalim sastojcima osim ulja i kima 45 minuta na laganoj vatri.
- Zagrejte ulje u šerpi. Dodajte sjemenke kima. Pustite ih da pucketaju 15 sekundi. Prelijte ga preko dhal-a. Dobro promiješajte. Poslužite vruće.

Methi-Drumstick Sambhar

(piskavica i crveni bataki sa gramom)

Za 4 osobe

sastojci

300 g / 10 oz toor dhal*

1 litar / 1¾ pinte vode

Prstohvat kurkume

Posolite po ukusu

2 indijska štapića za jelo*, isjeckan

1 kašičica rafinisanog biljnog ulja

¼ kašičice sjemenki gorušice

1 crvena paprika, prepolovljena

¼ kašičice asafetide

10 g svježih listova piskavice, nasjeckanih

1¼ čajne žličice sambhar praha*

1¼ kašičice paste od tamarinda

Metoda

- Pomiješajte dhal, vodu, kurkumu, sol i batake u šerpi. Kuvajte 45 minuta na srednjoj vatri. Za odlaganje.
- Zagrejte ulje u tiganju. Dodajte sve preostale sastojke i pržite 2-3 minute. Dodajte ovo u dhal i kuhajte 7-8 minuta. Poslužite vruće.

Dal Shorba

(supa od sočiva)

Za 4 osobe

sastojci

300 g / 10 oz toor dhal*

Posolite po ukusu

1 litar / 1¾ pinte vode

1 kašika rafinisanog biljnog ulja

2 velika luka, iseckana na kockice

4 čena belog luka, zgnječena

50 g listova spanaća, sitno iseckanih

3 paradajza, sitno iseckana

1 kašičica limunovog soka

1 kašičica garam masale

Metoda

- Kuhajte dhal, so i vodu u loncu na srednjoj vatri 45 minuta. Za odlaganje.
- Zagrijte ulje. Pržite luk na srednjoj vatri dok ne porumeni. Dodajte sve ostale sastojke i kuhajte 5 minuta, često miješajući.
- Dodajte ga u dhal smjesu. Poslužite vruće.

Tasty Mung

(Cijeli Mung)

Za 4 osobe

sastojci

250 g mung pasulja

2,5 litara / 4 litre vode

Posolite po ukusu

2 srednja luka, iseckana

3 zelena čilija, mljevena

¼ kašičice kurkume

1 kašičica čilija u prahu

1 kašičica limunovog soka

1 kašika rafinisanog biljnog ulja

½ kašičice sjemenki kima

6 čena belog luka, zgnječenog

Metoda

- Mahune mungo potopite u vodu 3-4 sata. Kuhajte u loncu sa solju, lukom, zelenom paprikom, kurkumom i čili prahom na laganoj vatri 1 sat.
- Dodajte limunov sok. Kuvajte 10 minuta. Za odlaganje.
- Zagrejte ulje u šerpi. Dodajte kim i beli luk. Pržite 1 minut na srednjoj vatri. Sipajte u mešavinu mungo pasulja. Poslužite vruće.

Masala Toor Dhal

(vruće začinjeno crveno gram)

Za 4 osobe

sastojci

300 g / 10 oz toor dhal*

1,5 litara / 2 litre vode

Posolite po ukusu

½ kašičice kurkume

1 kašika rafinisanog biljnog ulja

½ kašičice sjemenki gorušice

8 listova karija

¼ kašičice asafetide

½ kašičice paste od đumbira

½ kašičice paste od belog luka

1 zelena čili paprika, sitno iseckana

1 sitno seckani crni luk

1 paradajz, sitno isečen

2 kašičice limunovog soka

2 kašike listova korijandera za ukras

Metoda

- Kuhajte dhal sa vodom, solju i kurkumom u loncu 45 minuta na srednjoj vatri. Za odlaganje.
- Zagrejte ulje u šerpi. Dodajte sve sastojke osim limunovog soka i listova korijandera. Pržite 3-4 minute na srednjoj vatri. Prelijte ga preko dhal-a.
- Dodajte limunov sok i listove korijandera. Dobro promiješajte. Poslužite vruće.

Suhi žuti Mung Dhal

(suhi žuti gram)

Za 4 osobe

sastojci

300 g/10 oz mung dhala*, potopiti 1 sat

250 ml / 8 fl oz vode

¼ kašičice kurkume

Posolite po ukusu

1 kašika pročišćenog putera

1 kašičica amchoor*

1 kašika iseckanog lista korijandera

1 mali luk, sitno nasjeckan

Metoda

- Kuhajte dhal sa vodom, kurkumom i solju u loncu na laganoj vatri 45 minuta.
- Zagrijte ghee i prelijte ga preko dhal-a. Pospite amchoorom, listovima korijandera i lukom. Poslužite vruće.

Cijela kancelarija

(cijeli crni gram)

Za 4 osobe

sastojci

300 g urad pasulja*, oprano

Posolite po ukusu

1,25 litara / 2,5 litara vode

¼ kašičice kurkume

½ kašičice čilija u prahu

½ kašičice sušenog đumbira u prahu

¾ kašičice garam masale

1 kašika pročišćenog putera

½ kašičice sjemenki kima

1 veliki luk sitno nasjeckan

2 supene kašike sitno iseckanog lista korijandera

Metoda

- Kuvajte urad pasulj sa soli i vodom u loncu 45 minuta na srednjoj vatri.
- Dodajte kurkumu, čili u prahu, đumbir u prahu i garam masalu. Dobro promiješajte i dinstajte 5 minuta. Za odlaganje.
- Zagrijte ghee u loncu. Dodati kim i ostaviti da pucketa 15 sekundi. Dodajte luk i dinstajte na srednjoj vatri dok ne porumeni.
- Dodajte mješavinu luka u dhal i dobro promiješajte. Kuvajte 10 minuta.
- Ukrasite listovima korijandera. Poslužite vruće.

Dhal Fry

(Iscepljen crveni gram sa prženim začinima)

Za 4 osobe

sastojci

300 g / 10 oz toor dhal*

1,5 litara / 2 litre vode

½ kašičice kurkume

Posolite po ukusu

2 kašike pročišćenog putera

½ kašičice sjemenki gorušice

½ kašičice sjemenki kima

½ kašičice piskavice

2,5 cm korijena đumbira, sitno isjeckanog

2-3 čena belog luka sitno iseckanog

2 zelena čilija sitno iseckana

1 mali luk, sitno nasjeckan

1 paradajz, sitno isečen

Metoda

- Kuhajte dhal sa vodom, kurkumom i solju u loncu na laganoj vatri 45 minuta. Dobro promiješajte. Za odlaganje.
- Zagrijte ghee u loncu. Dodajte sjemenke gorušice, kim i piskavicu. Pustite ih da pucketaju 15 sekundi.
- Dodajte đumbir, beli luk, zeleni čili, luk i paradajz. Pržite na srednjoj vatri 3-4 minuta uz često mešanje. Dodajte u dhal. Poslužite vruće.

Instant Dosa

(Instant palačinka od riže)

Da li 10-12

sastojci

85 g pirinčanog brašna

45 g brašna od celog zrna

45 g običnog bijelog brašna

25 g tankog griza

60 g / 2 oz Besan*

1 kašičica mlevenog kima

4 zelena čilija, sitno iseckana

2 kašike kisele pavlake

Posolite po ukusu

120 ml / 4 fl oz rafinisanog biljnog ulja

Metoda

- Pomiješajte sve sastojke osim ulja sa dovoljno vode da dobijete gusto, tekuće tijesto.

- Zagrejte tiganj i u njega ulijte kašičicu ulja. Ulijte 2 supene kašike testa i premažite ga zadnjom stranom kašike da napravite palačinku.

- Pirjajte dok donja strana ne porumeni. Okrenite i ponovite.

- Pažljivo uklonite lopaticom. Ponovite za preostalo tijesto.

- Poslužite toplo uz bilo koji čatni.

Rolat od slatkog krompira

Da li 15-20

sastojci

4 velika slatka krompira, kuvana na pari i pire

175 g pirinčanog brašna

4 kašike meda

20 indijskih oraščića, lagano tostiranih i nasjeckanih

20 grožđica

Posolite po ukusu

2 kašičice semenki susama

Pročišćeni puter za prženje

Metoda

- Pomiješajte sve sastojke osim gheea i susama.

- Pravite kuglice veličine oraha i uvaljajte ih u susam.

- Zagrijte ghee u tiganju sa neprianjajućim slojem. Kuglice pržite na srednjoj vatri dok ne porumene. Poslužite vruće.

Palačinka od krompira

U 30

sastojci

6 velikih krompira, 3 rendana plus 3 kuvana i pasirana

2 jaja

2 kašike prirodnog bijelog brašna

½ kašičice svježe mljevenog crnog bibera

1 mali luk, sitno nasjeckan

120 ml mlijeka

60 ml / 2 fl oz rafinisanog biljnog ulja

1 kašičica soli

2 kašike ulja

Metoda

- Pomiješajte sve sastojke osim ulja da dobijete gusto tijesto.

- Zagrijte ravan tiganj i premažite ga uljem. Stavite 2-4 velike kašike tijesta i namažite kao palačinku.

- Pržite sa svake strane na laganoj vatri 3 do 4 minute, dok palačinka ne porumeni i ne postane hrskava po rubovima.

- Ponovite za preostalo tijesto. Poslužite vruće.

Murgh Malai Kebab

(kremasti pileći ćevap)

Da li 25-30

sastojci

1 kašičica paste od đumbira

1 kašičica paste od belog luka

2 zelene čili papričice

25 g retkih listova korijandera, sitno iseckanih

3 kašike kreme

1 kašičica prirodnog belog brašna

125 g rendanog cheddar sira

1 kašičica soli

500g / 1lb 2oz piletine bez kostiju, sitno nasjeckane

Metoda

- Pomiješajte sve sastojke osim piletine.

- Marinirajte komade piletine u smjesi 4-6 sati.

- Stavite u tepsiju i pecite na 165ºC (325ºF, oznaka gasa 4) oko 20-30 minuta, dok piletina ne porumeni.

- Poslužite toplo sa čatnijem od mente

Keema Puffs

(perece punjene mlevenim mesom)

U 12

sastojci

250 g glatkog bijelog brašna

½ kašičice soli

½ kašičice praška za pecivo

1 kašika pročišćenog putera

100 ml / 3 ½ fl oz vode

2 kašike rafinisanog biljnog ulja

2 srednja luka, sitno iseckana

¾ kašičice paste od đumbira

¾ kašičice paste od belog luka

6 zelenih čilija, sitno iseckanih

1 veći paradajz, sitno isečen

½ kašičice kurkume

½ kašičice čilija u prahu

1 kašičica garam masale

125 g smrznutog graška

4 kašike jogurta

2 kašike vode

50 g sitno iseckanih listova korijandera

500 g pilećeg mesa, mlevenog

Metoda

- Prosejati brašno, so i prašak za pecivo. Dodajte ghee i vodu. Zamesiti da se formira testo. Ostavite 30 minuta i ponovo promiješajte. Za odlaganje.

- Zagrejte ulje u šerpi. Dodajte luk, pastu od đumbira, pastu od belog luka i zeleni čili. Pržite 2 minute na srednjoj vatri.

- Dodajte paradajz, kurkumu, čili u prahu, garam masalu i malo soli. Dobro promiješajte i kuhajte 5 minuta, često miješajući.

- Dodajte grašak, jogurt, vodu, listove korijandera i mljevenu piletinu. Dobro promiješajte. Kuvajte 15 minuta uz povremeno mešanje dok se smesa ne osuši. Za odlaganje.

- Razvaljajte tijesto u veliki disk. Izrežite u kvadratni oblik, a zatim od kvadrata izrežite 12 malih pravokutnika.

- Stavite mješavinu mljevene govedine u sredinu svakog pravougaonika i zarolajte kao komad papira za pečenje.

- Pecite na 175ºC (350ºF, nivo gasa 4) 10 minuta. Poslužite vruće.

Egg Pakoda

(užina od prženih jaja)

U 20

sastojci

3 jaja, umućena

3 kriške hljeba, narezane na četvrtine

125 g rendanog cheddar sira

1 sitno seckani crni luk

3 zelena čilija, sitno iseckana

1 kašika iseckanog lista korijandera

½ kašičice mlevenog crnog bibera

½ kašičice čilija u prahu

Posolite po ukusu

Rafinirano biljno ulje za prženje

Metoda

- Pomiješajte sve sastojke osim ulja.

- Zagrejte ulje u tiganju sa neprijanjajućim slojem. Smesu dodavati po kašikama. Pržite na srednjoj vatri dok ne porumeni.

- Ostavite da kapne na upijajući papir. Poslužite vruće.

Egg Dosa

(Krepe sa rižom i jajetom)

Da li 12-14

sastojci

150 g uraddala*

100 g pirinča kuvanog na pari

Posolite po ukusu

4 umućena jaja

Mljeveni crni biber po ukusu

25 g / 1 unca blagog luka, sitno iseckanog

2 supene kašike iseckanog lista korijandera

1 kašika rafinisanog biljnog ulja

1 kašika putera

Metoda

- Potopite dhal i pirinač zajedno 4 sata. Posolite i sameljite u gusto testo. Ostavite da se diže preko noći.

- Namastite ravan tiganj i zagrejte ga. Na vrh rasporedite 2 kašike testa.

- Testo prekrijte sa 3 kašike jaja. Pospite biberom, lukom i listovima korijandera. Nakapajte malo ulja oko ivica i pržite 2 minute. Pažljivo okrenite i kuhajte još 2 minute.

- Ponovite za ostatak testa. Stavite komadić putera na svaku dozu i poslužite vruće sa kokosovim čatnijem

Khasta Kachori

(Začinjena pržena knedla od sočiva)

Za 12-15

sastojci

200 g ekstra djevičanskog maslinovog ulja*

300 g običnog bijelog brašna

Posolite po ukusu

200 ml / 7 fl oz vode

2 kašike rafinisanog biljnog ulja plus za prženje

Prstohvat asafetide

225 g/8 oz mung dhal*, potopiti sat vremena i ocijediti

1 kašičica kurkume

1 kašičica mlevenog korijandera

4 kašičice sjemenki komorača

2-3 karanfilića

1 kašika sitno iseckanog lista korijandera

3 zelena čilija, sitno iseckana

2,5 cm korijena đumbira, sitno isjeckanog

1 kašika sitno iseckanog lista mente

¼ kašičice čilija u prahu

1 kašičica amchoor*

Metoda

- Besan, brašno i malo soli pomešati sa dovoljno vode da dobijete čvrsto testo. Za odlaganje.

- Zagrejte ulje u šerpi. Dodajte asafoetidu i ostavite da pršti 15 sekundi. Dodajte dhal i pirjajte 5 minuta na srednjoj vatri, neprestano miješajući.

- Dodajte kurkumu, mljeveni korijander, sjemenke komorača, karanfilić, listove korijandera, zeleni čili, đumbir, listove mente, čili u prahu i amboor. Dobro promešajte i kuvajte 10-12 minuta. Za odlaganje.

- Testo podeliti na loptice veličine limuna. Poravnajte ih i razvaljajte u male diskove prečnika 12,5 cm.

- Stavite kašiku mešavine dhal u sredinu svakog diska. Zatvorite kao vrećicu i spljoštite u puri. Za odlaganje.

- Zagrejte ulje u šerpi. Pržite puri dok ne napuhnu.

- Poslužite toplo sa zelenim kokosovim čatnijem

Mješovite mahunarke dhokla

(Mesani kolač od mahunarki na pari)

U 20

sastojci

125 g cijelog mungo pasulja*

125 g kaala čana*

60g / 2oz Turski gram

50 g sušenog graška

75 g urad pasulja*

2 kašičice zelenog čilija

Posolite po ukusu

Metoda

- Umočite mahunarke, kaala čana, turski gram i sušeni grašak. Namočite urad pasulj posebno. Ostavite sa strane 6 sati.

- Sve sastojke za umakanje sameljite da dobijete gusto tijesto. Fermentirati 6 sati.

- Dodajte zeleni čili i sol. Dobro izmešati i sipati u kalup za tortu prečnika 20 cm i dinstati 10 minuta.

- Izrežite u obliku dijamanta. Poslužite uz čatni od mente

Frankie

Da li 10-12

sastojci

1 kašičica čaat masale*

½ kašičice garam masale

½ kašičice mlevenog kima

4 veća krompira, kuvana i zgnječena

Posolite po ukusu

10-12 chapats

Rafinirano biljno ulje za podmazivanje

2-3 zelene čili papričice, sitno iseckane i namočene u belo sirće

2 supene kašike sitno iseckanog lista korijandera

1 sitno seckani crni luk

Metoda

- Pomiješajte chaat masalu, garam masalu, mljeveni kim, krompir i sol. Dobro promiješajte i ostavite sa strane.

- Zagrijte tiganj i na njega stavite čapatije.

- Čapati prelijte s malo ulja i pržite sa jedne strane. Ponovite za drugu stranu.

- Na vruće čapatije ravnomjerno rasporedite sloj mješavine krompira.

- Pospite malo zelene paprike, listova korijandera i luka.

- Zarolajte chapati tako da smjesa od krompira bude unutra.

- Roladu popržite u tavi do zlatne boje i poslužite vruću.

Besan & Cheese Delight

Za 25

sastojci

2 jaja

250 g cheddar sira, narendanog

1 kašičica mlevenog crnog bibera

1 kašičica mlevenog senfa

½ kašičice čilija u prahu

60 ml / 2 fl oz rafinisanog biljnog ulja

Za mješavinu bezana:

50 g suvog pečenog griza

375 g / 13 oz besan*

200 g kupusa, narendanog

1 kašičica paste od đumbira

1 kašičica paste od belog luka

Prstohvat praška za pecivo

Posolite po ukusu

Metoda

- Dobro umutiti 1 jaje. Dodajte cheddar sir, biber, mljeveni senf i čili u prahu. Dobro promiješajte i ostavite sa strane.

- Pomiješajte sastojke mješavine za besan. Prebacite u kalup za tortu prečnika 20 cm i dinstajte 20 minuta. Nakon što se ohlade, iseći ih na 25 komada i svaki premazati mešavinom jaja i sira.

- Zagrejte ulje u šerpi. Pržite komade na srednjoj vatri dok ne porumene. Poslužite toplo sa zelenim kokosovim čatnijem

Chilli Idli

Za 4 osobe

sastojci

3 kašike rafinisanog biljnog ulja

1 kašičica sjemenki gorušice

1 mali luk, narezan

½ kašičice garam masale

1 kašika kečapa

4 praznog hoda narezana

Posolite po ukusu

2 kašike listova korijandera

Metoda

- Zagrejte ulje u šerpi. Dodajte sjemenke gorušice. Pustite ih da pucketaju 15 sekundi.

- Dodajte sve preostale sastojke osim listova korijandera. Dobro promiješajte.

- Kuvajte na laganoj vatri 4-5 minuta, lagano mešajući. Ukrasite listovima korijandera. Poslužite vruće.

Kanapei od spanaća

U 10

sastojci

2 kašike putera

10 kriški hleba, isečenih na četvrtine

2 kašike pročišćenog putera

1 sitno seckani crni luk

300 g spanaća sitno iseckanog

Posolite po ukusu

125 g ocijeđenog kozjeg sira

4 kašike rendanog cheddar sira

Metoda

- Podmažite komade hleba sa obe strane i pecite u prethodno zagrejanoj rerni na 200°C (400°F, gas oznaka 6) 7 minuta. Za odlaganje.

- Zagrijte ghee u loncu. Pržite luk dok ne porumeni. Dodajte spanać i posolite. Kuvajte 5 minuta. Dodati kozji sir i dobro promešati.

- Na tostirane komade hljeba namažite mješavinu spanaća. Pospite naribanim Cheddar sirom i pecite na 130°C (250°F, oznaka plina ½) dok se sir ne otopi. Poslužite vruće.

Paushtik Chaat

(zdrava užina)

Za 4 osobe

sastojci

3 kašičice rafinisanog biljnog ulja

½ kašičice sjemenki kima

2,5 cm korijena đumbira, mljevenog

1 manji krompir, kuvan i narezan

1 kašičica garam masale

Posolite po ukusu

Mljeveni crni biber po ukusu

250 g mungo pasulja, kuvanog

300 g borlotti pasulja iz konzerve

300 g slanutka iz konzerve

10 g nasjeckanih listova korijandera

1 kašičica limunovog soka

Metoda

- Zagrejte ulje u šerpi. Dodajte sjemenke kima. Pustite ih da pucketaju 15 sekundi.
- Dodajte đumbir, krompir, garam masalu, so i biber. Pirjajte 3 minuta na srednjoj vatri. Dodajte mungo, crveni pasulj i slanutak. Kuvajte na srednjoj vatri 8 minuta.
- Ukrasite listovima korijandera i limunovim sokom. Poslužite hladno.

Rolat od kupusa

Za 4 osobe

sastojci

1 kašika prirodnog belog brašna

3 kašike vode

Posolite po ukusu

2 kašike rafinisanog biljnog ulja plus za prženje

1 kašičica sjemenki kima

100 g smrznutog mešanog povrća

1 kašika tečne pavlake

2 kašike panira*

¼ kašičice kurkume

1 kašičica čilija u prahu

1 kašičica mlevenog korijandera

1 kašičica mlevenog kima

8 većih listova kupusa, namočenih u vrućoj vodi 2-3 minute i ocijeđenih

Metoda

- Pomiješajte brašno, vodu i sol da dobijete gustu pastu. Za odlaganje.
- Zagrejte ulje u šerpi. Dodati kim i ostaviti da pucketa 15 sekundi. Dodajte sve preostale sastojke osim listova kupusa. Kuvajte na laganoj vatri 2-3 minuta uz često mešanje.
- Stavite kašike ove mešavine u sredinu svakog lista kupusa. Presavijte listove i krajeve zapečatite brašnom.
- Zagrejte ulje u tiganju sa neprijanjajućim slojem. Kiflice umočimo u tijesto od brašna i pržimo. Poslužite vruće.

Hleb od paradajza

Za 4

sastojci

1 1/2 kašike rafinisanog biljnog ulja

150 g paradajz pirea

3-4 lista karija

2 zelena čilija sitno iseckana

Posolite po ukusu

2 velika krompira, kuvana i iseckana

6 kriški hleba, narezanih

10 g nasjeckanih listova korijandera

Metoda

- Zagrejte ulje u šerpi. Dodajte paradajz pastu, listove karija, zeleni čili i so. Kuvajte 5 minuta.
- Dodati krompir i hleb. Krčkajte 5 minuta.
- Ukrasite listovima korijandera. Poslužite vruće.

Palačinke od kukuruza i sira

Da li 8-10

sastojci

200 g kukuruza slatkog

250 g rendane mocarele

4 veća krompira, kuvana i zgnječena

2 zelena čilija sitno iseckana

2,5 cm korijena đumbira, sitno isjeckanog

1 kašika iseckanog lista korijandera

1 kašičica limunovog soka

50 g prezla

Posolite po ukusu

Rafinirano biljno ulje za prženje

50 g griza

Metoda

- Pomiješajte sve sastojke osim ulja i griza u posudi. Podeliti na 8-10 loptica.
- Zagrejte ulje u šerpi. Kuglice premazati grizom i pržiti na srednjoj vatri dok ne porumene. Poslužite vruće.

Corn Flakes Chivda

(Užina od pečenog kukuruznog čipsa)

Čini 500g / 1lb 2oz

sastojci

250 g kikirikija

150 g chana dhala*

100 g suvog grožđa

125 g indijskih oraščića

200 g kukuruznih pahuljica

60 ml / 2 fl oz rafinisanog biljnog ulja

7 zelenih čilija, podijeljeno

25 listova karija

½ kašičice kurkume

2 kašičice šećera

Posolite po ukusu

Metoda

- Osušite pečeni kikiriki, chana dhal, grožđice, indijski orah i kukuruzne pahuljice dok ne postanu hrskavi. Za odlaganje.
- Zagrejte ulje u šerpi. Dodajte zeleni čili, listove karija i kurkumu. Pirjajte jednu minutu na srednjoj vatri.
- Dodajte šećer, so i sve pečene sastojke. Pržite 2-3 minuta uz stalno mešanje.
- Ostavite u frižideru i čuvajte u hermetički zatvorenoj posudi do 8 dana.

Orašasta rolada

U 20-25

sastojci

   140 g običnog bijelog brašna

   240 ml mlijeka

   1 kašika putera

   Posolite po ukusu

   Mljeveni crni biber po ukusu

   ½ kašike sitno iseckanog lista korijandera

   3-4 kašike cheddar sira, narendanog

   ¼ kašičice muškatnog oraščića, narendanog

   125 g indijskih oraščića, krupno mljevenih

   125 g kikirikija, krupno mljevenog

   50 g prezla

   Rafinirano biljno ulje za prženje

Metoda

- U šerpi pomešati 85 g brašna sa mlekom. Dodajte puter i kuvajte smesu uz stalno mešanje na laganoj vatri dok se ne zgusne.
- Posolite i pobiberite. Ostavite smjesu da se hladi 20 minuta.
- Dodajte listove korijandera, cheddar sir, muškatni oraščić, indijske oraščiće i kikiriki. Dobro promiješajte. Za odlaganje.
- Sipajte polovinu prezle na tanjir.
- Smesu brašna sipajte na prezle i pravite lepinje. Za odlaganje.
- Preostalo brašno pomešati sa dovoljno vode da dobijete tanko testo. Kiflice umočimo u tijesto i ponovo ih premažemo u prezlama.
- Zagrejte ulje u šerpi. Pecite kiflice na srednjoj vatri dok ne porumene.
- Poslužite toplo sa kečapom ili zelenim kokosovim čatnijem

Kiflice sa mlevenim mesom

U 12

sastojci

1 kašika rafinisanog biljnog ulja plus dodatak za prženje

2 glavice luka, sitno iseckana

2 paradajza, sitno iseckana

½ kašičice paste od đumbira

½ kašičice paste od belog luka

2 zelena čilija, narezana

½ kašičice kurkume

½ kašičice čilija u prahu

¼ kašičice mlevenog crnog bibera

500 g pilećeg mesa, mlevenog

200 g smrznutog graška

2 mala krompira, iseckana na kockice

1 veća šargarepa narezana na kockice

Posolite po ukusu

25 g retkih listova korijandera, sitno iseckanih

12 većih listova kupusa, blanširanih

2 umućena jaja

100 g prezle

Metoda

- U šerpi zagrejte 1 kašiku ulja. Pržite luk dok ne bude providan.
- Dodajte paradajz, pastu od đumbira, pastu od belog luka, zeleni čili, kurkumu, čili u prahu i začine. Dobro promiješajte i dinstajte 2 minute na srednjoj vatri.
- Dodati mlevenu piletinu, grašak, krompir, šargarepu, so i listove korijandera. Krčkajte 20-30 minuta uz povremeno mešanje. Ohladite smjesu 20 minuta.
- Isjeckanu smjesu kašikom stavite u list kupusa i urolajte. Ponovite za preostale listove. Učvrstite rolnice čačkalicom.
- Zagrejte ulje u šerpi. Kiflice umočiti u jaje, premazati prezlom i pržiti do zlatne boje.
- Ocijedite i poslužite toplo.

pav bhaji

(Začinjeno povrće sa hlebom)

Za 4 osobe

sastojci

2 veća krompira, kuvana

200 g smesa smrznutog povrća (zelena paprika, šargarepa, karfiol i grašak)

2 kašike putera

1 ½ kašičice paste od belog luka

2 velika luka, narendana

4 veća paradajza, iseckana

250 ml / 8 fl oz vode

2 kašičice pav bhaji masale*

1½ kašičice čilija u prahu

¼ kašičice kurkume

Sok od 1 limuna

Posolite po ukusu

1 kašika iseckanog lista korijandera

Maslac za prženje

4 lepinje za hamburger, prepolovljene

1 veliki luk sitno nasjeckan

Kriške limuna

Metoda

- Dobro izgnječite povrće. Za odlaganje.
- Zagrejte puter u loncu. Dodajte pastu od belog luka i luk i pržite dok luk ne dobije zlatno smeđu boju. Dodajte paradajz i dinstajte na laganoj vatri 10 minuta uz povremeno mešanje.
- Dodajte pasirano povrće, vodu, pav bhaji masalu, čili u prahu, kurkumu, limunov sok i so. Dinstajte dok se sos ne zgusne. Izgnječite i kuvajte 3-4 minuta uz stalno mešanje. Pospite listove korijandera i dobro promiješajte. Za odlaganje.
- Zagrijte ravan tiganj. Namažite malo putera i pržite kiflice sa hamburgerima dok ne postanu hrskave sa obe strane.
- Poslužite mješavinu povrća vruću uz sendviče sa lukom i kriškama limuna sa strane.

Kotlet od soje

U 10

sastojci

300 g/10 oz mung dhala*, potopiti 4 sata

Posolite po ukusu

400 g / 14 oz sojinih zrna, namočenih u toploj vodi 15 minuta

1 veliki luk sitno nasjeckan

2-3 zelena čilija, sitno iseckana

1 kašičica amchoor*

1 kašičica garam masale

2 supene kašike iseckanog lista korijandera

150 g paneera* ili tofu, rendani

Rafinirano biljno ulje za prženje

Metoda

- Ne puštajte dhal. Posolite i kuhajte u loncu na srednjoj vatri 40 minuta. Za odlaganje.
- Ocijedite granule soje. Pomiješajte sa dhalom i sameljite u gustu pastu.

- U tiganju sa neprijanjajućim slojem pomiješajte ovu pastu sa svim preostalim sastojcima osim ulja. Pirjajte dok se ne osuše.
- Smjesu podijelite na kuglice veličine limuna i oblikujte kotlete.
- Zagrejte ulje u šerpi. Pržite kotlete do zlatne boje.
- Poslužite toplo sa čatnijem od mente

Kukuruz Bhel

(začinjena kukuruzna grickalica)

Za 4 osobe

sastojci

200 g kuvanih zrna kukuruza

100 g sitno iseckanog mladog luka

1 krompir, kuvan, oguljen i sitno isečen

1 paradajz, sitno isečen

1 krastavac, sitno naseckan

10 g nasjeckanih listova korijandera

1 kašičica čaat masale*

2 kašičice limunovog soka

1 kašika čatnija od nane

Posolite po ukusu

Metoda

- Pomiješajte sve sastojke u posudi da se dobro sjedine.
- Poslužite odmah.

Methi Gota

(pržena knedla od piskavice)

U 20

sastojci

500 g / 1 lb 2 oz besan*

45 g brašna od celog zrna

125 g jogurta

4 kašike rafinisanog biljnog ulja plus dodatak za prženje

2 kašičice sode bikarbone

50 g svježih listova piskavice, sitno isjeckanih

50 g sitno iseckanih listova korijandera

1 zrela banana, oguljena i zgnječena

1 kašika sjemenki korijandera

10-15 zrna crnog bibera

2 zelene čili papričice

½ kašičice paste od đumbira

½ kašičice garam masale

Prstohvat asafetide

1 kašičica čilija u prahu

Posolite po ukusu

Metoda

- Pomiješajte besan, brašno i jogurt.
- Dodajte 2 kašike ulja i sode bikarbone. Ostavite da nadođe 2-3 sata.
- Dodajte sve preostale sastojke osim ulja. Dobro izmiješajte da dobijete gusto tijesto.
- Zagrijte 2 kašike ulja i dodajte ih u testo. Dobro promiješajte i ostavite 5 minuta.
- U šerpi zagrejte preostalo ulje. U ulje stavite male kockice tijesta i pržite do zlatne boje.
- Ostavite da kapne na upijajući papir. Poslužite vruće.

Otisli su

(kolac od pirinca na pari)

Za 4 osobe

sastojci

500 g / 1 lb 2 oz riže, namočenog preko noći

300 g/10 oz urad dhal*, potopiti preko noći

1 kašika soli

Prstohvat sode bikarbone

Rafinirano biljno ulje za podmazivanje

Metoda

- Ocijedite rižu i dhal i sameljite ih zajedno.
- Dodajte so i sodu bikarbonu. Ostavite da se diže 8-9 sati.
- Podmažite kalupe za kekse. U njih ulijte mješavinu riže i dhala tako da budu do pola pune. Kuhajte na pari 10-12 minuta.
- Iskopajte idlis. Poslužite toplo sa kokosovim čatnijem

Idli Plus

(pareni kolač od pirinča sa začinima)

Za 6 osoba

sastojci

500 g / 1 lb 2 oz riže, namočenog preko noći

300 g/10 oz urad dhal*, potopiti preko noći

1 kašika soli

¼ kašičice kurkume

1 kašika granuliranog šećera

Posolite po ukusu

1 kašika rafinisanog biljnog ulja

½ kašičice sjemenki kima

½ kašičice sjemenki gorušice

Metoda

- Ocijedite rižu i dhal i sameljite ih zajedno.
- Posolite i ostavite da se diže 8-9 sati.
- Dodajte kurkumu, šećer i sol. Dobro promiješajte i ostavite sa strane.
- Zagrejte ulje u šerpi. Dodajte kim i sjemenke gorušice. Pustite ih da pucketaju 15 sekundi.
- Dodajte smjesu pirinča i dhala. Pokrijte poklopcem i ostavite da se kuva 10 minuta.
- Otkrijte i promiješajte smjesu. Ponovo poklopite i kuvajte 5 minuta.
- Probušite idli viljuškom. Ako viljuška izađe čista, idli je spreman.
- Narežite ga na komade i poslužite vruće sa kokosovim čatnijem

Masala sendvič

Za 6

sastojci

2 kašičice rafinisanog biljnog ulja

1 mali luk, sitno nasjeckan

¼ kašičice kurkume

1 veći paradajz, sitno isečen

1 veći krompir, kuvan i zgnječen

1 kašika kuvanog graška

1 kašičica čaat masale*

Posolite po ukusu

10 g nasjeckanih listova korijandera

50 g putera

12 kriški hleba

Metoda

- Zagrejte ulje u šerpi. Dodati luk i pržiti dok ne postane proziran.
- Dodajte kurkumu i paradajz. Pržite na srednjoj vatri 2-3 minuta uz stalno mešanje.
- Dodajte krompir, grašak, chaat masalu, so i listove korijandera. Dobro promiješajte i kuhajte jedan minut na laganoj vatri. Za odlaganje.
- Kriške hleba premažite puterom. Stavite sloj mješavine povrća na šest kriški. Pokrijte preostalim kriškama i pecite 10 minuta. Okrenite i ponovo pecite 5 minuta. Poslužite vruće.

Ćevapi od mente

Za 8

sastojci

10 g sitno iseckanih listova mente

500 g ocijeđenog kozjeg sira

2 kašičice kukuruznog brašna

10 indijskih oraščića, grubo iseckanih

½ kašičice mlevenog crnog bibera

1 kašičica amchoor[*]

Posolite po ukusu

Rafinirano biljno ulje za prženje

Metoda

- Pomiješajte sve sastojke osim ulja. Mesimo dok ne dobijemo meko ali kompaktno testo. Podijelite ih na 8 loptica veličine limuna i zgnječite ih.
- Zagrejte ulje u šerpi. Pržite ražnjiće na srednjoj vatri dok ne porumene.
- Poslužite toplo sa čatnijem od mente

Povrće Sevia Upma

(vermicelli grickalice)

Za 4 osobe

sastojci

5 kašika rafinisanog biljnog ulja

1 velika zelena paprika, sitno iseckana

¼ kašičice sjemenki gorušice

2 zelena čilija, narezana po dužini

200 g vermikela

8 listova karija

Posolite po ukusu

Prstohvat asafetide

50 g sitno seckanog francuskog pasulja

1 šargarepa, sitno iseckana

50 g smrznutog graška

1 veliki luk sitno nasjeckan

25 g retkih listova korijandera, sitno iseckanih

Sok od 1 limuna (opciono)

Metoda

- U šerpi zagrejte 2 kašike ulja. Pržite zelenu papriku 2-3 minute. Za odlaganje.
- U drugom loncu zagrejte 2 kašike ulja. Dodajte sjemenke gorušice. Pustite ih da pucketaju 15 sekundi.
- Dodajte zeleni čili i rezance. Pržite 1-2 minute na srednjoj vatri, povremeno miješajući. Dodajte listove karija, so i asafetidu.
- Navlažite sa malo vode i dodajte pečene zelene paprike, mahunu, šargarepu, grašak i luk. Dobro promešajte i kuvajte 3-4 minuta na srednjoj vatri.
- Pokrijte poklopcem i kuhajte još minut.
- Pospite listovima korijandera i limunovim sokom. Poslužite toplo sa kokosovim čatnijem

Bhel

(napuhana užina od pirinča)

Za 4-6 osoba

sastojci

2 velika krompira, kuvana i iseckana na kockice

2 velika crna luka, sitno iseckana

125 g pečenog kikirikija

2 kašike mlevenog kima, suvo pečenog

300g/10oz Bhel Mix

250 g toplog i slatkog čatnija od manga

60 g čatnija od nane

Posolite po ukusu

25 g / 1 oz rezervnih listova korijandera, nasjeckanih

Metoda

- Pomiješajte krompir, luk, kikiriki i mljeveni kim sa Bhel smjesom. Dodajte oba čatnija i posolite. Stir.
- Dodajte listove korijandera. Poslužite odmah.

Sabudana Khichdi

(Sago užina sa krompirom i kikirikijem)

Za 6 osoba

sastojci

300 g saga

250 ml / 8 fl oz vode

250 g kikirikija, krupno mljevenog

Posolite po ukusu

2 kašičice granuliranog šećera

25 g / 1 oz rezervnih listova korijandera, nasjeckanih

2 kašike rafinisanog biljnog ulja

1 kašičica sjemenki kima

5-6 zelenih čilija, sitno iseckanih

100 g kuvanog i seckanog krompira

Metoda

- Namočite sago preko noći u vodi. Dodajte kikiriki, sol, granulirani šećer i listove korijandera i dobro promiješajte. Za odlaganje.
- Zagrejte ulje u šerpi. Dodajte kumin i zeleni čili. Pržite oko 30 sekundi.
- Dodajte krompir i pržite na laganoj vatri 1-2 minuta.
- Dodajte mješavinu saga. Promiješajte i dobro izmiješajte.
- Pokrijte poklopcem i pirjajte 2-3 minute. Poslužite vruće.

Dhokla simple

(Jednostavan kolač na pari)

Za 25

sastojci

250 g chana dhala*, potopiti preko noći i ocijediti

2 zelene čili papričice

1 kašičica paste od đumbira

Prstohvat asafetide

½ kašičice sode bikarbone

Posolite po ukusu

2 kašike rafinisanog biljnog ulja

½ kašičice sjemenki gorušice

4-5 listova karija

4 kašike svežeg kokosa, narendanog

10 g nasjeckanih listova korijandera

Metoda

- Sameljite dhal u grubu pastu. Ostavite da odstoji 6-8 sati.
- Dodajte zeleni čili, pastu od đumbira, asafetidu, sodu bikarbonu, so, 1 kašiku ulja i malo vode. Dobro promiješajte.
- Okrugli kalup za tortu prečnika 20 cm namastite i napunite testom.
- Kuhajte na pari 10-12 minuta. Za odlaganje.
- U šerpi zagrejte preostalo ulje. Dodajte sjemenke senfa i listove karija. Pustite ih da pucketaju 15 sekundi.
- Prelijte ga preko dhoklasa. Ukrasite kokosom i listovima korijandera. Narežite na komade i poslužite toplo.

Jaldi krompir

Za 4 osobe

sastojci

2 kašičice rafinisanog biljnog ulja

1 kašičica sjemenki kima

1 zelena paprika, mljevena

½ kašičice crne soli

1 kašičica amchoor*

1 kašičica mlevenog korijandera

4 velika krompira, kuvana i iseckana na kockice

2 supene kašike iseckanog lista korijandera

Metoda

- Zagrejte ulje u šerpi. Dodati kim i ostaviti da pucketa 15 sekundi.
- Dodajte sve ostale sastojke. Dobro promiješajte. Krčkajte 3-4 minute. Poslužite vruće.

Dhokla narandža

(torta od pomorandže na pari)

Za 25

sastojci

   50 g griza

   250 g / 9 oz besan*

   250 ml kisele pavlake

   Posolite po ukusu

   100 ml / 3 ½ fl oz vode

   4 čena belog luka

   1 cm korijena đumbira

   3-4 zelene paprike

   100 g rendane šargarepe

   ¾ kašičice sode bikarbone

   ¼ kašičice kurkume

   Rafinirano biljno ulje za podmazivanje

   1 kašičica sjemenki gorušice

   10-12 listova karija

   50 g rendanog kokosa

25 g retkih listova korijandera, sitno iseckanih

Metoda

- Pomešati griz, besan, pavlaku, so i vodu. Ostavite da se diže preko noći.
- Sameljite beli luk, đumbir i čili zajedno.
- Dodajte u dignuto tijesto zajedno sa šargarepom, sodom bikarbonom i kurkumom. Dobro promiješajte.
- Okrugli kalup za torte prečnika 20 cm namastite sa kapi ulja. Sipajte tijesto u njega. Krčkajte oko 20 minuta. Ostaviti da se ohladi i iseći na komade.
- Zagrejte malo ulja u šerpi. Dodajte sjemenke senfa i listove karija. Pržite ih 30 sekundi. Prelijte ga preko dhokla komadića.
- Ukrasite kokosom i listovima korijandera. Poslužite vruće.

Muthia cabbage

(kroketi od kupusa na pari)

Za 4 osobe

sastojci

250 g brašna od celog zrna

100 g seckanog kupusa

½ kašičice paste od đumbira

½ kašičice paste od belog luka

Posolite po ukusu

2 kašičice šećera

1 kašika limunovog soka

2 kašike rafinisanog biljnog ulja

1 kašičica sjemenki gorušice

1 kašika iseckanog lista korijandera

Metoda

- Pomešati brašno, kupus, pastu od đumbira, pastu od belog luka, so, šećer, limunov sok i 1 kašiku ulja. Mesite dok ne dobijemo fleksibilno testo.
- Od tijesta napravite 2 dugačke lepinje. Kuhajte na pari 15 minuta. Ostavite da se ohladi i narežite na kriške. Za odlaganje.
- U šerpi zagrejte preostalo ulje. Dodajte sjemenke gorušice. Pustite ih da pucketaju 15 sekundi.
- Dodajte narezane rolnice i pržite na srednjoj vatri dok ne porumene. Ukrasite listovima korijandera i poslužite toplo.

Rava Dhokla

(pareni kolač od griza)

Da li 15-18

sastojci

200 g griza

240 ml kisele pavlake

2 kašičice zelenog čilija

Posolite po ukusu

1 kašičica crvene paprike u prahu

1 kašičica mlevenog crnog bibera

Metoda

- Pomiješajte griz i pavlaku. Fermentirati 5-6 sati.
- Dodajte zeleni čili i sol. Dobro promiješajte.
- Smesu od griza stavite u okrugli kalup za tortu prečnika 20 cm. Pospite čili prahom i biberom. Kuhajte na pari 10 minuta.
- Narežite na komade i poslužite vruće sa čatnijem od mente

Chapatti Upma

(Quick Snack Chapatti)

Za 4 osobe

sastojci

6 preostalih čapa izlomljenih na male komadiće

2 kašike rafinisanog biljnog ulja

¼ kašičice sjemenki gorušice

10-12 listova karija

1 srednji luk, nasjeckan

2-3 zelena čilija, sitno iseckana

¼ kašičice kurkume

Sok od 1 limuna

1 kašičica šećera

Posolite po ukusu

10 g nasjeckanih listova korijandera

Metoda

- Zagrejte ulje u šerpi. Dodajte sjemenke gorušice. Pustite ih da pucketaju 15 sekundi.
- Dodajte listove karija, luk, čili i kurkumu. Pirjajte na srednjoj vatri dok luk ne porumeni. Dodajte čapati.
- Pospite limunovim sokom, šećerom i solju. Dobro promiješajte i kuhajte na srednjoj vatri 5 minuta. Ukrasite listovima korijandera i poslužite toplo.

Mung Dhokla

(torta od mung pasulja na pari)

Oko 20 je

sastojci

250g/9oz mung dhal*, potopiti 2 sata

150 ml kisele pavlake

2 kašike vode

Posolite po ukusu

2 rendane šargarepe ili 25 g rendanog kupusa

Metoda

- Ocijedite i sameljite dhal.
- Dodajte kiselu pavlaku i vodu i pustite da odstoji 6 sati. Posolite i dobro promiješajte da dobijete tijesto.
- Okrugli kalup za tortu prečnika 20 cm namastite i u njega ulijte testo. Pospite šargarepom ili kupusom. Kuhajte na pari 7-10 minuta.
- Narežite na komade i poslužite uz čatni od mente

Mughlai šnicle od mesa

(bogata šnicla od mesa)

U 12

sastojci

1 kašičica paste od đumbira

1 kašičica paste od belog luka

Posolite po ukusu

500 g jagnjećeg mesa bez kostiju, mlevenog

240 ml / 8 fl oz vode

1 kašika mlevenog kima

¼ kašičice kurkume

Rafinirano biljno ulje za prženje

2 umućena jaja

50 g prezla

Metoda

- Pomiješajte pastu od đumbira, pastu od bijelog luka i sol. Marinirajte jagnjetinu u ovoj smjesi 2 sata.
- Jagnjetinu skuvajte u loncu sa vodom na srednjoj vatri dok ne omekša. Ostavite juhu i ostavite sa strane jagnjetinu.
- U čorbu dodajte kim i kurkumu. Dobro promiješajte.
- Prebacite juhu u šerpu i dinstajte dok voda ne ispari. Ponovo marinirajte jagnjetinu u ovoj smjesi 30 minuta.
- Zagrejte ulje u šerpi. Svaki komad jagnjetine umočite u razmućeno jaje, premažite u prezlama i pržite do zlatne boje. Poslužite vruće.

Masala Vada

(Začinjeni prženi njoki)

U 15

sastojci

300 g/10 oz chana dhal*, uronjen u 500 ml vode 3-4 sata

50 g crnog luka, sitno iseckanog

25 g / 1 oz rezervnih listova korijandera, nasjeckanih

25 g sitnih listova kopra, sitno nasjeckanih

½ kašičice sjemenki kima

Posolite po ukusu

3 kašike rafinisanog biljnog ulja plus dodatak za prženje

Metoda

- Dhal grubo samljeti. Pomiješajte sa svim sastojcima osim ulja.
- Dodajte 3 kašike ulja u dhal smjesu. Formirajte okrugle, ravne ćufte.
- Zagrejte preostalo ulje u tiganju sa neprijanjajućim slojem. Ispecite ćufte. Poslužite vruće.

Čivda kupus

(Užina od kupusa i umućenog pirinča)

Za 4 osobe

sastojci

100 g kupusa, sitno iseckanog

Posolite po ukusu

3 kašike rafinisanog biljnog ulja

125 g kikirikija

150 g chana dhala*, pečenje

1 kašičica sjemenki gorušice

Prstohvat asafetide

200 g / 7 oz* natopljeni vodom

1 kašičica paste od đumbira

4 kašičice šećera

1 1/2 kašike limunovog soka

25 g / 1 oz rezervnih listova korijandera, nasjeckanih

Metoda

- Pomiješajte kupus sa solju i ostavite 10 minuta.
- Zagrejte 1 kašiku ulja u tiganju sa neprijanjajućim slojem. Pržite kikiriki i chana dhal 2 minute na srednjoj vatri. Ocijedite i ostavite sa strane.
- Zagrejte preostalo ulje u tiganju sa neprijanjajućim slojem. Pržite sjemenke gorušice, asafetidu i kupus 2 minute. Dodajte malo vode, pokrijte poklopcem i pirjajte 5 minuta. Dodajte pohu, pastu od đumbira, šećer, limunov sok i sol. Dobro promešajte i kuvajte 10 minuta.
- Ukrasite listovima korijandera, prženim kikirikijem i dhalom. Poslužite vruće.

Besan Bhajji Hleb

(Užina hleba i gram brašna)

Za 32

sastojci

175 g / 6 oz Besan*

1250 ml / 5 fl oz vode

½ kašičice ajowan sjemenki

Posolite po ukusu

Rafinirano biljno ulje za prženje

8 kriški hleba, prepolovljenih

Metoda

- Napravite gustu pastu mešanjem besan sa vodom. Dodajte ajowan sjemenke i sol. Dobro umutiti.
- Zagrejte ulje u tiganju sa neprijanjajućim slojem. Umočite komade hljeba u tijesto i pržite do zlatne boje. Poslužite vruće.

Methi Seekh Kebab

(Ražnja od nane sa listovima piskavice)

Da li 8-10

sastojci

100 g nasjeckanih listova piskavice

3 velika krompira, kuvana i zgnječena

1 kašičica paste od đumbira

1 kašičica paste od belog luka

4 zelena čilija, sitno iseckana

1 kašičica mlevenog kima

1 kašičica mlevenog korijandera

½ kašičice garam masale

Posolite po ukusu

2 supene kašike prezle

Rafinirano biljno ulje za podlijevanje

Metoda

- Pomiješajte sve sastojke osim ulja. Oblik ćufte.
- Ispecite na ražnju i pecite na roštilju, premažite uljem i povremeno okrenite. Poslužite vruće.

Jhinga Hariyali

(zeleni škampi)

U 20

sastojci

Posolite po ukusu

Sok od 1 limuna

20 škampa, oguljenih i očišćenih (sačuvati rep)

75 g sitno nasjeckanih listova mente

75 g nasjeckanih listova korijandera

1 kašičica paste od đumbira

1 kašičica paste od belog luka

Prstohvat garam masale

1 kašika rafinisanog biljnog ulja

1 mali luk, narezan

Metoda

- Natrljajte škampe solju i limunovim sokom. Ostavite sa strane 20 minuta.
- Sameljite zajedno 50 g listova nane, 50 g listova korijandera, paste od đumbira, paste od belog luka i garam masale.
- Dodajte u škampe i ostavite sa strane 30 minuta. Pokapajte ulje na vrh.
- Nabodite škampe i pecite ih na drvenom uglju, povremeno ih okrećući.
- Ukrasite preostalim listovima cilantra i mente i nasjeckanim lukom. Poslužite vruće.

Methi Adai

(Krepe sa piskavom)

Da li 20-22

sastojci

100 g pirinča

100 g / 3½ oz urad dhal*

100 g/3½ oz mung dhala*

100 g chana dhala*

100 g masoor dhal*

Prstohvat asafetide

6-7 listova karija

Posolite po ukusu

50 g svježih listova piskavice, nasjeckanih

Rafinirano biljno ulje za podmazivanje

Metoda

- Namočite pirinač i dhal zajedno 3-4 sata.
- Ocijedite rižu i dhal i dodajte asafetidu, listove karija i sol. Krupno samljeti i ostaviti da se diže 7 sati. Dodajte listove piskavice.
- Namastite tepsiju i zagrejte je. Dodajte kašiku dizane smese i namažite palačinku. Nakapajte malo ulja oko ivica i pržite na laganoj vatri 3-4 minuta. Okrenite i kuvajte još 2 minuta.
- Ponovite za ostatak testa. Poslužite toplo sa kokosovim čatnijem

Pea Chaat

Za 4 osobe

sastojci

2 kašičice rafinisanog biljnog ulja

½ kašičice sjemenki kima

300 g graška iz konzerve

½ kašičice amchoor*

¼ kašičice kurkume

¼ kašičice garam masale

1 kašičica limunovog soka

5 cm korijena đumbira, oljuštenog i oljuštenog

Metoda

- Zagrejte ulje u šerpi. Dodati kim i ostaviti da pucketa 15 sekundi. Dodajte grašak, amboor, kurkumu i garam masalu. Dobro promiješajte i kuhajte 2-3 minute uz povremeno miješanje.
- Ukrasite limunovim sokom i đumbirom. Poslužite vruće.

Shingada

(bengalski ljuti)

Da li 8-10

sastojci

2 kašike rafinisanog biljnog ulja plus dodatak za prženje

1 kašičica sjemenki kima

200 g kuvanog graška

2 krompira, kuvana i iseckana

1 kašičica mlevenog korijandera

Posolite po ukusu

za pecivo:

350 g glatkog bijelog brašna

¼ kašičice soli

Malo vode

Metoda

- U šerpi zagrejte 2 kašike ulja. Dodajte sjemenke kima. Pustite ih da pucketaju 15 sekundi. Dodati grašak, krompir, mleveni korijander i so. Dobro promešajte i pržite na srednjoj vatri 5 minuta. Za odlaganje.
- Napravite krofne od sastojaka za pecivo, kao u receptu za samosu od krompira. Napunite kornete mešavinom povrća i zatvorite ih.
- Zagrejte preostalo ulje u tiganju sa neprijanjajućim slojem. Pržite krofne na srednjoj vatri dok ne porumene. Poslužite toplo sa čatnijem od mente

Onion Bhajia

(palačinke od luka)

U 20

sastojci

250 g / 9 oz besan*

4 velika luka, tanko narezana

Posolite po ukusu

½ kašičice kurkume

150 ml vode

Rafinirano biljno ulje za prženje

Metoda

- Pomiješajte besan, luk, sol i kurkumu. Dodajte vodu i dobro promiješajte.
- Zagrejte ulje u tiganju sa neprijanjajućim slojem. Dodajte kašike smese i pržite dok ne porumeni. Ocijedite na upijajućem papiru i poslužite toplo.

Bagani Murgh

(piletina u pasti od indijskog oraha)

U 12

sastojci

500g / 1lb 2oz piletine bez kosti, narezane na kockice

1 mali luk, narezan

1 paradajz, narezan na kriške

1 krastavac, narezan na kriške

1 kašičica paste od đumbira

1 kašičica paste od belog luka

2 zelena čilija sitno iseckana

10 g listova nane, mljevenih

10 g listova korijandera, mljevenih

Posolite po ukusu

Za marinadu:

6-7 indijskih oraščića, samljevenih u pastu

2 kašike tečne pavlake

Metoda

- Pomiješajte sastojke za marinadu. Marinirajte piletinu u ovoj smjesi 4-5 sati.
- Nabodite ih na ražanj i pecite na roštilju na drveni ugljen, povremeno okrećući.
- Ukrasite lukom, paradajzom i krastavcem. Poslužite vruće.

Potato Tikki

(kufte od krompira)

U 12

sastojci

4 veća krompira, kuvana i zgnječena

1 kašičica paste od đumbira

1 kašičica paste od belog luka

Sok od 1 limuna

1 veliki luk sitno nasjeckan

25 g / 1 oz rezervnih listova korijandera, nasjeckanih

¼ kašičice čilija u prahu

Posolite po ukusu

2 kašike pirinčanog brašna

3 kašike rafinisanog biljnog ulja

Metoda

- Krompir pomiješajte sa pastom od đumbira, pastom od bijelog luka, limunovim sokom, lukom, listovima korijandera, čili prahom i soli. Dobro promiješajte. Oblik ćufte.
- Pospite ćufte pirinčanim brašnom.
- Zagrejte ulje u tiganju sa neprijanjajućim slojem. Pržite ćufte na srednjoj vatri dok ne porumene. Ocijedite i poslužite vruće sa čatnijem od mente.

Batata Vada

(knedle od krompira pržene u tijestu)

Da li 12-14

sastojci

1 kašičica rafinisanog biljnog ulja plus dodatak za prženje

½ kašičice sjemenki gorušice

½ kašičice urad dhala*

½ kašičice kurkume

5 krompira, kuvanih i zgnječenih

Posolite po ukusu

Sok od 1 limuna

250 g / 9 oz besan*

Prstohvat asafetide

120 ml vode

Metoda

- Zagrejte 1 kašičicu ulja u tiganju sa neprijanjajućim slojem. Dodajte sjemenke gorušice, urad dhal i kurkumu. Pustite ih da pucketaju 15 sekundi.
- Prelijte ga preko krompira. Takođe dodajte so i limunov sok. Dobro promiješajte.
- Smesu od krompira podelite na pljeskavice veličine oraha. Za odlaganje.
- Pomiješajte besan, asafetidu, sol i vodu da napravite tijesto.
- Zagrejte preostalo ulje u tiganju sa neprijanjajućim slojem. Kruglice krompira umočimo u tijesto i pržimo do zlatne boje. Ocijedite i poslužite sa čatnijem od mente.

Pileći mini ćevapi

Za 8

sastojci

350 g pilećeg mesa, mlevenog

125 g / 4½ oz Besan*

1 veliki luk sitno nasjeckan

½ kašičice paste od đumbira

½ kašičice paste od belog luka

1 kašičica limunovog soka

¼ kašičice mlevenog zelenog kardamoma

1 kašika iseckanog lista korijandera

Posolite po ukusu

1 kašika susama

Metoda

- Pomiješajte sve sastojke osim susama.
- Smesu podeliti na loptice i posuti susamom.
- Pecite na 190ºC (375ºF, oznaka gasa 5) 25 minuta. Poslužite toplo sa čatnijem od mente.

Ringol od sočiva

U 12

sastojci

2 kašike rafinisanog biljnog ulja plus dodatak za prženje

2 mala luka, sitno iseckana

2 šargarepe, sitno iseckane

600 g / 1 lb 5 oz masoor dhal*

500 ml / 16 fl oz vode

2 kašike mljevenog korijandera

Posolite po ukusu

25 g / 1 oz rezervnih listova korijandera, nasjeckanih

100 g prezle

2 kašike prirodnog bijelog brašna

1 jaje, umućeno

Metoda

- Zagrejte 1 kašiku ulja u tiganju sa neprijanjajućim slojem. Dodajte luk i šargarepu i dinstajte na laganoj vatri 2-3 minuta, često mešajući. Dodajte masoor dhal, vodu, mljeveni korijander i sol. Kuvajte 30 minuta uz stalno mešanje.
- Dodajte listove korijandera i polovinu prezla. Dobro promiješajte.
- Formirajte kobasice i premažite ih brašnom. Palačinke umočite u razmućeno jaje i premažite ih preostalim prezlama. Za odlaganje.
- Zagrijte preostalo ulje. Pržite palačinke do zlatne boje, jednom okrenite. Poslužite toplo sa zelenim kokosovim čatnijem.

Nutritious poha

Za 4 osobe

sastojci

1 kašika rafinisanog biljnog ulja

125 g kikirikija

1 sitno seckani crni luk

¼ kašičice kurkume

Posolite po ukusu

1 krompir, kuvan i narezan

200 g / 7 oz*, ostavite da naraste 5 minuta i ocijedite

1 kašičica limunovog soka

1 kašika iseckanog lista korijandera

Metoda

- Zagrejte ulje u šerpi. Pržite kikiriki, luk, kurkumu i sol na srednjoj vatri 2-3 minute.
- Dodati krompir i poha. Neprestano mešajući, pržite na laganoj vatri dok ne postane glatko.
- Ukrasite limunovim sokom i listovima korijandera. Poslužite vruće.

Korišćeni pasulj

(pasulj u ljutom sosu)

Za 4 osobe

sastojci

300 g / 10 oz masoor dhal*, natopljene u vrućoj vodi 20 minuta

¼ kašičice kurkume

Posolite po ukusu

50 g sitno seckanog francuskog pasulja

240 ml / 8 fl oz vode

1 kašika rafinisanog biljnog ulja

¼ kašičice sjemenki gorušice

Nekoliko listova karija

Posolite po ukusu

Metoda

- Pomiješajte dhal, kurkumu i sol. Meljite dok ne dobijete grubu pastu.
- Kuhajte na pari 20-25 minuta. Ostavite da se ohladi 20 minuta. Smesu izmrviti prstima. Za odlaganje.
- Mahune prokuvajte sa vodom i malo soli u loncu na laganoj vatri dok ne omekšaju. Za odlaganje.
- Zagrejte ulje u šerpi. Dodajte sjemenke gorušice. Pustite ih da pucketaju 15 sekundi. Dodajte listove karija i izmrvljeni dhal.
- Neprestano mešajući, pržite oko 3-4 minuta na srednjoj vatri dok ne omekša. Dodajte kuvani pasulj i dobro promešajte. Poslužite vruće.

Hleb Chutney Pakoda

Za 4 osobe

sastojci

250 g / 9 oz besan*

150 ml vode

½ kašičice ajowan sjemenki

125 g čatnija od mente

12 kriški hleba

Rafinirano biljno ulje za prženje

Metoda

- Besan pomiješajte sa vodom da dobijete konzistenciju smjese za palačinke. Dodajte sjemenke ajowan i lagano promiješajte. Za odlaganje.
- Na krišku hljeba namažite senf od mente i na njega stavite još jednu. Ponovite za sve kriške hleba. Prepolovite ih dijagonalno.
- Zagrejte ulje u tiganju sa neprijanjajućim slojem. Pogačice umačemo u tijesto i pržimo na srednjoj vatri dok ne porumene. Poslužite toplo uz kečap.

Methi Khakra Delight

(užina od piskavice)

Za 16

sastojci

50 g svježih listova piskavice, sitno isjeckanih

300 g brašna od celog zrna

1 kašičica čilija u prahu

¼ kašičice kurkume

½ kašičice mlevenog korijandera

1 kašika rafinisanog biljnog ulja

Posolite po ukusu

120 ml vode

Metoda

- Pomiješajte sve sastojke. Mesimo dok ne dobijemo meko ali kompaktno testo.
- Testo podeliti na 16 loptica veličine limuna. Razvaljajte ih u veoma tanke kolutove.
- Zagrijte ravan tiganj. Stavite rolnice na ravan tiganj i pecite dok ne postanu hrskave. Ponovite za drugu stranu. Čuvati u hermetički zatvorenoj posudi.

Green chop

U 12

sastojci

200 g spanaća sitno iseckanog

4 krompira, kuvana i pasirana

200 g mung dhala*, kuvano i pasirano

25 g / 1 oz rezervnih listova korijandera, nasjeckanih

2 zelena čilija sitno iseckana

1 kašičica garam masale

1 veliki luk sitno nasjeckan

Posolite po ukusu

1 kašičica paste od belog luka

1 kašičica paste od đumbira

Rafinirano biljno ulje za prženje

250 g prezla

Metoda

- Pomiješajte spanać i krompir. Dodajte mung dhal, listove korijandera, zeleni čili, garam masalu, luk, so, pastu od belog luka i pastu od đumbira. Dobro promiješajte.
- Smjesu podijelite na porcije veličine oraha i svaki oblikujte u pljeskavice.
- Zagrejte ulje u tiganju sa neprijanjajućim slojem. Kotlete premažite u prezlama i pržite do zlatne boje. Poslužite vruće.

Handvo

(Kupica slani kolač)

Za 4 osobe

sastojci

100 g griza

125 g / 4½ oz Besan*

200 g jogurta

25 g / vrlo malo 1 oz boca bundeve, naribane

1 šargarepa, narendana

25 g zelenog graška

½ kašičice kurkume

½ kašičice čilija u prahu

½ kašičice paste od đumbira

½ kašičice paste od belog luka

1 zelena čili paprika, sitno iseckana

Posolite po ukusu

Prstohvat asafetide

½ kašičice sode bikarbone

4 kašike rafinisanog biljnog ulja

¾ kašičice sjemenki gorušice

½ kašičice semenki susama

Metoda

- U šerpi pomešati griz, besan i jogurt. Dodajte naribanu bundevu i šargarepu i grašak.
- Dodajte kurkumu, čili u prahu, pastu od đumbira, pastu od belog luka, zeleni čili, so i asafetidu da dobijete pastu. Trebalo bi da ima konzistenciju testa za torte. Ako nije, dodajte nekoliko kašika vode.
- Dodajte sodu bikarbonu i dobro promiješajte. Za odlaganje.
- Zagrejte ulje u šerpi. Dodati senf i susam. Pustite ih da pucketaju 15 sekundi.
- Sipajte smesu u šerpu. Pokrijte poklopcem i pirjajte 10-12 minuta.
- Otkrijte tijesto i pažljivo ga okrenite lopaticom. Ponovo poklopite i pirjajte još 15 minuta.
- Izbodite viljuškom da proverite da li je gotovo. Ako se skuva, viljuška će izaći čista. Poslužite vruće.

Ghugra

(Mezzaluna sa začinskim povrtnim centrima)

Za 4 osobe

sastojci

5 kašika rafinisanog biljnog ulja plus dodatak za prženje

Prstohvat asafetide

400 g graška iz konzerve, mljevenog

250 ml / 8 fl oz vode

Posolite po ukusu

5 cm korena đumbira, sitno iseckanog

2 kašičice limunovog soka

1 kašika iseckanog lista korijandera

350 g brašna od celog zrna

Metoda

- U šerpi zagrejte 2 kašike ulja. Dodajte asafetidu. Kada pukne, dodajte grašak i 120 ml vode. Kuvajte na srednjoj vatri 3 minuta.

- Dodajte so, đumbir i limunov sok. Dobro promiješajte i kuhajte još 5 minuta. Pospite listovima korijandera i ostavite sa strane.

- Brašno pomešati sa solju, preostalom vodom i 3 kašike ulja. Podijelite ih na kuglice i razvaljajte u okrugle diskove prečnika 10 cm.

- Na svaku rolnu stavite malo smese od graška tako da polovina rolata bude prekrivena smesom. Presavijte drugu polovinu da napravite "D". Zapečatite tako što ćete ivice pritisnuti zajedno.

- Zagrijte ulje. Pržite ghugras na srednjoj vatri dok ne porumene. Poslužite vruće.

Ćevapi od banane

U 20

sastojci

6 zelenih banana

1 kašičica paste od đumbira

250 g / 9 oz besan*

25 g / 1 oz rezervnih listova korijandera, nasjeckanih

½ kašičice čilija u prahu

1 kašičica amchoor*

Sok od 1 limuna

Posolite po ukusu

240 ml / 8 fl oz rafinisanog biljnog ulja za plitko prženje

Metoda

- Banane kuvajte u koži 10-15 minuta. Ocijedite i ogulite.

- Pomiješajte sa ostalim sastojcima osim ulja. Oblik ćufte.

- Zagrejte ulje u tiganju sa neprijanjajućim slojem. Pržite ćufte do zlatne boje. Poslužite vruće.

www.ingramcontent.com/pod-product-compliance
Lightning Source LLC
Chambersburg PA
CBHW070413120526
44590CB00014B/1381